행복, 웰다잉 *Well-Dying* 에서 배우다

행복_1, 웰다잉 *Well-Dying* 에서 배우다

Copyright © 새세대 2018

초판 발행   2018년 2월 7일

지은이   박인조
펴낸곳   도서출판 새세대
발행인   곽요섭
홈페이지   newgen.or.kr
이메일   churchgrowth@hanmail.net
출판등록   2009년 12월 18일 제20009-000055호
주소   경기도 성남시 분당구 정자동 210-1
전화   031)761-0338 팩스 031)761-1340

이 책에 사용된 사진 및 이미지는 출판사와 저작자 및 해당 기관의 허락을 받았으며, 따로 표시가 없는 것은 퍼블릭 도메인에 해당하는 것입니다.
이 출판물은 저작권법에 의해 보호를 받는 저작물이므로 무단 전재와 무단 복제를 할 수 없습니다.

잘못된 책은 구입처에서 교환해 드립니다.

ISBN 979-11-88604-02-9 (03230)

책값은 뒤표지에 있습니다.

행복,
웰다잉 *Well-Dying* 에서
배우다

박인조 지음

도서
출판 **새세대**

차례

● 프롤로그 · 6

01
행복, 웰다잉(Well-Dying)에서 묻다

1. 곧 죽을 것임을 기억하는 것 · 16
2. 죽음을 알아감 - 지혜자의 태도 · 20
3. 죽음을 생각함의 유익 · 35
4. 오늘이 나의 삶의 마지막이라면 · 43

02
배우는 죽음 – Ars Moriendi (죽음의 기술)

1. 죽음 앞의 인간 - 죽음에 대한 태도 · 51
2. 죽음에 이르는 과정 · 58
3. 성경에서 배우는 죽음 · 60
4. 생사학 - 죽음을 배우다 · 66
5. 버킷 리스트(Bucket list) · 70

03
존엄한 죽음

1. 죽음 앞에서의 불안감 · 78
2. 삶과 죽음의 경계에서 · 81
3. 좋은 죽음과 죽음의 질 · 86
4. 자연사와 존엄사, 그리고 안락사 · 90
5. 존엄한 죽음을 위한 준비 · 92
6. 존엄한 죽음을 위한 실제 - 호스피스 · 96
7. 주님과 함께함의 믿음 · 99

행복
웰다잉 *Well-Dying* 에서
배우다

04

준비하는 죽음
– Memento Mori
(죽음을 기억하라)

1. 맞이하는 죽음 · 106
2. 죽음의 현장에서 삶을 생각하기 · 108
3. 준비하는 죽음 1 - 장례식 · 111
4. 장례식 - 죽음과 죽음 이후의 세계관 반영 · 117
5. 화장문화의 보편화 · 124
6. 준비하는 죽음 2 - 엔딩 노트 · 129

05

죽음 이후
– Vitam Aeternam
(영원한 삶)

1. 임사체험 · 138
2. 하나님이 정하신 것 - 한 번 죽음 · 144
3. 성경에서 죽음의 표상
   - 잠자는 상태와 그리스도와의 교통 · 146
4. 그리스도와의 깊은 친교 속으로 · 157

06

상실수업

1. 상실의 슬픔을 경험하는 이들 · 162
2. 가까운 사람의 죽음이 미치는 영향 · 167
3. 더 깊은 위로를 향하여 · 170
4. 내가 당신과 함께 있습니다 · 174

- **에필로그** · 179
- **부록** : 천국을 소망하는 성도들의 안식처, 에덴낙원 · 183
- **참고문헌** · 204

프롤로그

"목사님, 내 인생에 이런 시간이 있다는 것을 진작 알았더라면, 과거처럼 살지는 않았을 겁니다."

제가 존경하는 목사님이 설교 중에 50여 년 목회 경험 중 가장 강하게 충격을 받아 결코 잊을 수 없는 경험이라며 해주신 말씀의 한 부분입니다. 그 내용은 이렇습니다. 교회 성도 한 분이 임종이 가까워 급히 와달라고 요청해 목사님이 밤중에 병원을 방문하게 되었습니다. 그는 30대 젊은이로 유학파 엘리트이면서 큰 회사의 전무로 일 년의 3분의 1을 해외에서 지낼 정도로 활동적으로 일했습니다. 그런데 여행에서 돌아와서 감기처럼 몸이 아파 두 주일 후에 병원에 갔더니 급성 간암이라는 시한부 판정을 받았습니다. 병원에 도착한 목사님은 병실에서 임종을 앞둔 젊은이와 그를 간호하는 아내와 함께 이야기를 나누었는데, 서로 자신의 부족함과 실수 그리고 서로에 대해 소홀했던 모습을 고백하면서 용서를 구하며 우는 모습을 보게 되었습니다. 그리고 이제 병실을 나오려는데, 그 젊은이가 목사님을 부르며 마지막으로 하고 싶은 말이 있다며 한마디 하는데, 목사님은 그 말을 잊을 수가 없었다고 하셨습니다. "목사님, 내 인생에 이런 시간이 있다는 것을 진작 알았더라면, 과거처럼 살지는 않았을 겁니다." 평범한 말인 것 같으나 목사님은 큰 충격을 받으셨고, 병실 문을 닫고 돌아서면서 이렇게 생각하셨다고 합니다. '그래, 그걸 모르고 살았나? 이 사람아! 이런 날이 있다는 걸 모르고 살았나?'

미래를 알 수 없는 시대를 사는 우리에게 행복이라는 주제는 때로 너무나도 멀게만 느껴집니다. 간혹 경험하는 행복한 경험도 곧 사라져버리기 일쑤이고, 누군가와 비교하며 경쟁하는 삶에서 불행하다는 생각에 수없이 흔들리는 마음을 다잡지 못해 당혹감을 느끼곤 합니다. 그때마다 어떻게 살아야 하나, 이렇게 사는 것이 맞나 하는 생각을 해보지만, 곧 다시 일상의 반복되는 삶에 묻혀 오늘을 살기도 버거워집니다. 이런 고민 속에서 인생을 살았던 많은 이들이 던진 질문이 '오늘이 나의 삶의 마지막이라면'이었고, 이 질문을 통해 그들은 삶의 용기를, 그리고 나가야 할 삶의 방향을 찾았습니다.

교회에서 10여 년간 노년을 대상으로 한 모임을 인도하면서, 노년기라는 시기를 지내며 겪는 여러 어려움을 이야기로 듣기도 하고 또 멀리서 가까이에서 몸으로 느끼기도 했습니다. 그중에는 신체의 제약으로 인한 활동의 어려움과 기억의 상실로 인한 고민이 많았습니다. 그리고 그 무엇보다 큰 어려움은 가까운 사람의 죽음으로 인한 상실의 아픔을 이겨내는 것이었고, 또 직접적인 내색을 하지는 않지만 언젠가 죽을 것이라는 막연한 불안감도 이 시기의 어르신들이 부담스러워하는 것 중의 하나였습니다.

그러던 중 새롭게 시작하게 된 사역이 이전과는 전혀 다른 새로운 형태의 장례문화에 대한 일들이었습니다. 그런데 좀 더 생각해 보니 전혀 다른 일이 아니라 맥락이 통하는 일이었습니다. 나의 죽음에 대한 불안과 사랑하는 사람의 죽음으로 인한 아픔의 문제야말로 노년의 어르신을 돕는 가장 중요한 일임을 깨달았기 때문입니다. 단순히 고인을 가족과 분리시키고 일정한 곳에 모셔두는 기존의 장례가 아닌 고인을 가장 귀하게 모시고 높이는, 그리고 고인만을 위한 것이 아닌 오늘을 사는 모든 가족을 위한 새로운 장례문화에 대한 일을 하면서 죽음을 다시 생각하게 되었습니다. 그리고 웰다잉(Well-Dying)이야말로 가장 중요하게 배워야 하고 가장 소중하게 다루어야 할 아름다운 일임을, 그것이 행복한 삶을 위한 가장 필요한 준비임을 알게 되었습니다.

사실 웰다잉이라는 말을 한 번씩은 들어보셨을 겁니다. 정말 많이 듣는 단어이고 또 너 나 할 것 없이 쉽게 말하는 단어이지만, 저 자신도 그렇고 그것이 구체적으로 무엇인지 잘 알지 못하는 것 같습니다. 이것이 이 책을 쓰게 된 이유입니다. 다시 말해 웰다잉에 대해서, 죽음에 대해서 함께 나누었으면 좋겠다는 생각으로 이 책을 쓰게 된 것입니다. 이 책을 통해 삶과 죽음이 하나이며, 그래서 행복한 삶에 있어서 웰다잉이 어떠한 역할을 하는지에 대해서 생각해 봤습니다. 또한 이 책은 오늘이 나의 삶의 마지막이라는 물음을 좀 더 구체적으로 생각해 보고, 일상의 삶에 적용할 수 있는 몇 가지 주제를 다루었습니다. 이 책을 읽는 중에 삶을 정말 멋지게 마무리할 수 있는 것이야말로 행복한 삶을 위한 필수적인 요소임을 깊이 공감하게 될 것입니다. '오늘이 나의 삶의 마지막이라면'이라는 질문으로부터 시작하는 죽음에 대한 이해야말로 삶의 길을 바로잡고 올바른 삶의 방향성을 가지고 살아갈 수 있는 가장 좋은 지표가 됨을 알게 될 것입니다. 그리고 거기에 우리 모두가 추구하는 행복한 삶이 있다는 것도요.

이 책은 6개의 장으로 구성되어 있습니다. 순서대로 읽어도 좋지만, 먼저 관심이 가는 주제의 장부터 읽으셔도 괜찮습니다. 1장 '행복, 웰다잉(Well-Dying)에서 묻다'에서는 죽음을 기억한다는 것이 어떤 의미와 유익이 있는지, 그리고 삶과 죽음이 하나임을 기억하는 것이 얼마나 소중한지를 생각해 보았습니다. 2장 '배우는 죽음 - Ars Moriendi(죽음의 기술)'에서는 역사적으로 죽음에 대한 이해가 어떻게 바뀌어 왔고 죽음에 대해 배우는 죽음 준비 교육의 내용에 대해서 살펴보았습니다. 3장 '존엄한 죽음'은 죽음의 불안을 넘어서는 '좋은 죽음', '존엄한 죽음'을 위한 준비가 무엇이고 왜 필요한지에 대해서 질문을 던지는 장입니다. 4장 '준비하는 죽음 - Memento Mori(죽음을 기억하라)'에서는 '당하는 죽음'이 아닌 '맞이하는 죽음'이 되기 위한 방법, 그리고 장례식과 엔딩 노트에 대해서 안내해 드립니다. 5장 '죽음 이후 - Vitam Aeternam(영원한 삶)'은 임사체험에 대한 내용과 의미를 살펴보면서 죽음과 그 이후에 대해서 생각할 수 있도록 돕습니다. 마지막 6장 '상실수업'은 상실의 슬픔이 인생에서 주는 무게감이 어떤 것이며 그러한 아픔 가운데 있는 이들을 위로하기 위한 장으로 준비했습니다.

각 장에서는 다양한 명화와 영화, 책을 소개하고 있습니다. 영화를 좋아하시는 분이라면 소개한 영화 중에서 보고 싶은 영화를 보고, 그 영화의 느낌으로 그 장을 읽는 것도 좋은 방법입니다. 그리고 여기서 소개하는 책들은 웰다잉 주제에 대한 이해를 확장하는 데 도움이 되는 책들이니 한번 살펴보시기 바랍니다. 제일 뒤

참고문헌에도 다양한 자료를 소개하고 있습니다. 그 동안 막연하게 생각하던 죽음이라는 주제에 대해 너무 무겁지 않게, 그러나 일상의 삶에서 더욱 가까이 접할 기회가 되었으면 좋겠고, 그래서 더 깊은 차원의 행복을 경험하셨으면 하는 바람입니다.

01

행복,
웰다잉(Well-Dying)에서
묻다

행복
웰다잉 *Well-Dying* 에서,
배우다

· 01 ·

행복, 웰다잉(Well-Dying)에서 묻다

최근 웰다잉(Well-Dying), '잘 죽는 것'에 대한 관심이 높습니다. 언제, 어디서, 어떻게 죽을지 아무도 알지 못하지만 언젠가는 맞이하게 될 죽음이기에 좀 더 품위 있고 아름답게 준비된 모습으로 죽음을 맞이하고 싶은 것이 사람의 공통된 마음입니다. 서울대학교 의과대학 윤영호 교수가 2012년 6월, 전국 만 20-69세 성인 남녀 1,000명을 대상으로 한 '웰다잉에 대한 대국민 인식 조사'에 의하면, 웰다잉을 위한 요소로 '다른 사람에게 부담을 주지 않는 것'(36.7%)과 '가족이나 의미 있는 사람과 함께하는 것'(30%)을

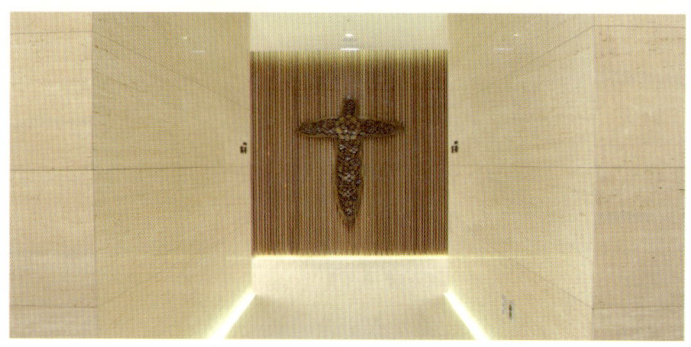

에덴낙원 부활소망안식처

가장 중요하게 꼽았습니다. 그 외에 '지금까지 삶이 의미 있게 생각되는 것', '주변 정리가 마무리되는 것', '통증으로부터 해방된 상태' 그리고 '영적인 안정 상태' 등을 꼽았습니다. 이를 통해 죽음의 문제가 삶의 문제, 관계의 문제, 일상의 일들과 깊이 관계되고 있음을 알 수 있습니다. 따뜻한 관계를 맺고 삶의 의미를 발견하며 잘 정돈되고 안정된 삶을 사는 것이 우리가 추구하는 행복임을 생각할 때, 잘 죽는 것이야말로 모든 사람이 추구하는 행복한 삶의 연장선에 있음을 알게 됩니다.

1. 곧 죽을 것임을 기억하는 것

2014년 11월, 영화배우 고(故) 김자옥(1951-2014) 씨가 폐암으로 죽음을 맞게 되었습니다. 그녀는 2013년 MBC 방송 프로그램 '무릎팍도사'에 출연해 종합검진 중 대장암이 발견되어 치료를 받았다는 이야기를 했습니다. 그녀는 정신적으로 쓰러지지 않도록 방사선 치료와 항암 주사를 맞으면서도 촬영에 열정을 쏟았다고 담담히 전했습니다. 그리고 이런 말을 했는데, 순간적으로 듣는 이를 당황하게 하는 이야기였습니다.

"보통 혈압으로 죽거나 교통사고로 죽는 사람도 많은데, 그런 분들은 아무 말도 못 하고 가족들도 모르고 본인도 모르고 아무 준비를 못 해요. 그런데 암은 죽음을 준비할 수 있는 병이에요. 절망적일 필요는 없고, 나중에 더 나빠질 그때를 위해 준비를 해야겠다고 생각했어요. 긍정적으로 준비할 수 있잖아요."

놀라운 이야기이지요. 특히 암은 이별을 준비할 수 있는 시간을 주는 병이라며 긍정적으로 받아들이고 준비하던 모습에서 큰 감동을 받았습니다. 죽음에 대한 태도가 현재의 삶뿐만 아니라, 미래의 삶에도 영향을 미친다는 것을 생각할 수 있었습니다.

애플사의 CEO이었던 고(故) 스티브 잡스(Steve Jobs, 1955-2011)가 스탠퍼드대학 졸업식에서 연설했는데, 그는 그 연설에서 1/3에

스티브 잡스(사진: Matthew Yohe)

해당하는 엄청난 분량을 죽음에 관해 이야기하는 데 할애했습니다. 그는 예전에 '만약 당신이 매일을 삶의 마지막 날인 것처럼 산다면, 언젠가 당신은 대부분 옳은 삶을 살게 될 것이다'라는 문구를 읽었는데, 그것에 강한 인상을 받았다고 고백했습니다. 그리고 그 후로 매일 아침 거울을 보면서 물었다고 합니다. "만약 오늘이 내 인생의 마지막 날이라면, 나는 내가 오늘 하려고 하는 일을 하고 싶어 할까?" 그 질문에 대한 스스로의 답이 여러 날 동안 '아니오'로 이어질 때, 그는 그때야말로 무언가 변화할 필요가 있는 때라는 것을 알게 되었다고 합니다.

그는 2004년 췌장암 진단을 받았고 앞으로 길어야 3개월에서 6개월밖에 살지 못한다는 말과 함께 집으로 돌아가 주변을 정리하라는 조언을 받았습니다. 그러나 다행히도 조직검사 결과 매우 드물게 수술로 치료할 수 있는 암이었고, 수술을 받고 괜찮아져서 스탠퍼드대학에서 연설까지 할 수 있었습니다. 이러한 경험을 통해 그는 죽음에 관해 지적으로 알고 있을 때보다 더 깊은 깨달음을 가지게 되었고 그 자리에서 졸업생들과 그 깨달음을 나누었습니다.

즉 사람은 누구나 죽음을 맞이하게 되며 시간은 한정되어 있으니 다른 사람의 삶을 사느라 허비하지 말 것을, 다른 사람이 생각한 결과에 맞춰 사는 관습의 함정에 빠지지 말 것을, 사람들의 견해가 자신의 내면의 목소리를 가리는 소음이 되게 하지 말 것을 졸업식에 모인 많은 사람들에게 이야기했습니다. 그리고 오늘이 나의 마지막이라는 인식이 있어야 정말 중요한 것과 외부의 기대나 부담의 두려움에서 벗어난 가장 현명한 선택을 할 수 있다며 이렇게 말했습니다.

> "내가 곧 죽으리라는 것을 기억하는 것은, 내가 지금까지 겪은 바로는 인생에서 큰 결정들을 내리는 데 도움을 주는 가장 중요한 도구입니다. 모든 외부의 기대들, 모든 자부심, 모든 좌절과 실패에 대한 두려움, 이런 모든 것들은 죽음 앞에서는 아무것도 아니기 때문에 진정으로 중요한 것만을 남기게 됩니다."

우리는 주변에서 죽음에 대한 소식을 쉽게 접하고, 유명인의 이야기를 통해 죽음에 대한 태도가 삶에 큰 영향을 미친다는 설명을 종종 듣지만, 그럼에도 죽음이라는 말은 쉽게 하기 어려운 말입니다. 하지만 다른 측면에서 이어령 교수는 한국인만큼 '죽는다'

는 말을 자주, 쉽게 하는 민족도 없다고 했습니다. '배고파 죽겠다', '웃겨 죽겠다' 등 말끝마다 죽는다는 말을 자주 한다는 것입니다. 그런데도 장례식장에서 보게 되는 현실은 안타깝기 그지없습니다. 그는 『뜻으로 읽는 한국어사전』에서 죽음이 "막장의 허드레 배추처럼 처분되고 있다"고 설명했습니다.

> "죽음은 막장의 허드레 배추처럼 처분되고 있는 것이다. 곡성조차 들을 수 없게 된 죽음, 눈물도 경건함도 없는 죽음, 분향의 그 향내보다는 방부제 냄새가 더 짙은 죽음 – 1호, 2호의 숫자로 늘어선 병원 지하의 영안실이 근대 문명이 우리에게 안겨준 바로 그 종착역이다. 슬퍼 죽겠다."[1]

한국만큼 죽음이 금기시되고 동시에 무시되는 나라도 없다는 말에 깊이 공감하게 됩니다.

2. 죽음을 알아감 - 지혜자의 태도

아이비리그 명강의 3가지가 있다고 합니다. 하나는 '행복이란 무엇인가'로 하버드대학교 탈 벤 샤하르(Tal Ben-Shahar) 교수의 강의이고, 또 하나는 '정의란 무엇인가'로 하버드대학교 마이클 샌델(Michael Sandel) 교수의 강의입니다. 각각의 강의 내용은 『행복이란 무엇인가』(Happier)와 『정의란 무엇인가』(Justice)로 출간되었습니다. 그리고 세 번째 강의는 예일대학교 교수인 셸리 케이건(Shelly Kagan)의 '죽음이란 무엇인가'입니다. 이 강의는 예일대학교 17년 동안의 명강의라고 합니다. 생소하게 느끼실지 모르지만, 죽음이라는 주제가 중요하게 다루어지고 있는 것이죠. 그는 이렇게 말합니다.

'연회 테이블에 온 죽음'(Death Comes to the Banquet Tabl-Memento Mori), 죠반니 마르티넬리 (1635년경)

"정말로 중요한 건 이것이다. 우리는 죽는다. 때문에 잘 살아야 한다. 죽음을 제대로 인식한다면 인생을 어떻게 살아야 하는지에 대한 행복한 고민을 할 수 있다. 이제 이 책을 덮고 나거든 부디 삶과 죽음에 관한 다양한 사실들에 대해 여러분 스스로 생각해 보기 바란다. 나아가 두려움과 환상에서 벗어나 죽음과 직접 대면하기를 바란다. 그리고 또다시 사는 것이다."[2]

그리고 죽음의 특징을 '죽음의 필연성', '죽음의 가변성', '죽음의 예측 불가능성', '죽음의 편재성'으로 설명합니다.[3] 첫째, 반드시 죽는다는 죽음의 필연성(inevitability)입니다. 모든 인간이 죽을 것이라는 사실은 필연적인 것이며 누구도 그 사실을 피할 수 없습니다. 죽음은 선택할 수 없습니다. 죽음을 영원히 피할 수 있는 사람은 존재하지 않습니다. 우리 모두 죽을 거라는 사실은 필연적 진실입니다.

둘째, 얼마나 살지 모른다는 죽음의 가변성(variability)입니다. 어떤 사람들은 80살, 90살, 100살 또는 그 이상까지 장수를 누리는 반면, 또 어떤 사람들은 아주 어린 나이에 생을 마감하기도 합니다. 죽음은 분명 필연적인 사실이지만 수명은 저마다 다릅니다. 모든 사람이 똑같은 나이에 세상을 떠나는 것은 아닙니다.

셋째, 언제 죽을지 모르는 죽음의 예측 불가능성(unpredictability)입니다. 자신에게 얼마의 시간이 더 남아 있는지 어느 누구도 알지 못합니다. 그래서 장기적인 계획을 세우기 어렵고, 이는 인생의 페이스를 조절하기 어렵다는 의미입니다. 가령 의사가 되기 위해 의대에 진학하기로 결심했다면, 오랜 시간 준비하고 몇 년에 걸쳐 의대에서 공부하고, 인턴과 레지던트 과정을 밟는 등 의사가 되기 위해서 실로 많은 시간을 투자해야만 합니다. 그러려면 장기적인 계획이 필요한데, 만일 20대 초반에 치명적인 병에 걸리거나 세상을 떠나게 된다면 그 모든 것이 수포로 돌아갑니다. 예측 불가능한 세상에서 우리는 아무것도 장담할 수 없고 최고의 인생을 위한 계획을 세우는 일은 더욱 힘든 일입니다.

넷째, 어디서 어떻게 죽을지 모르는 죽음의 편재성(ubiquitous)입니다. 우리는 언제 어디서든 죽을 수 있습니다. 우리는 '지금', '여기서' 죽을 수도 있습니다. 완전히 안전하다고 느낄 때도 뇌졸중으로 급사할 수 있고 또는 심장마비로 순식간에 세상을 떠날 수도 있습니다. 아무리 젊고 건강하다고 해도 대동맥 질환으로 언제든 갑자기 죽을 수 있습니다. 죽음의 가능성은 언제 어디서나 존재하며 우리 삶에 만연해 있습니다. 좀 극단적일지 모르지만, 지금 거실에서 TV를 보고 있는데 느닷없이 하늘에서 비행기가 지붕 위로 떨어지거나, 고속도로를 달리는데 갑자기 어떤 차가 내 차를 보지 못하고 끼어들다가 앞쪽 범퍼에 부딪히는 바람에 내 차는 중심을 잃고 뒤집힐 수도 있습니다.

이러한 죽음의 특징을 잘 보여주는 그림이 있습니다. 중세 시대에 수도원이나 공동묘지 벽에 그려졌던 '죽음의 춤'(The Dance of Death, danse macabre)이라는 그림들입니다. 이 그림은 시기에 따라 변화를 보이는데, 모든 계층의 사람이 죽음에 이르고, 죽음은 일상적인 것이라는 공통점과 함께 죽음에 대한 이해가 공동체적 경험에서 개인적 경험으로, 그리고 죽음에 대한 관조에서 갑자기 만나는 두려움으로 변화하고 있음을 보여줍니다. '죽음의 춤'은 14세기 조그마한 책자의 삽화로 시작해서 교회나 수도원 혹은 공동묘지의 벽에 그려졌습니다. 벽을 수리하는 동안 벽 층 아래에 프레스코화가 있다는 것을 알게 되었습니다. 이 그림은 중세에 흑사병의 물결이 온 유럽을 뒤덮을 때 죽음의 필연성과 회개를 외쳤던 탁발수도승의 설교에서 비롯되었다고도 합니다. 이 '죽음의 춤'은 16세기를 정점으로 수도원과 공동묘지에서 점차 사라져 갑니다. 이 그림마다 붙어 있는 텍스트는 '바도 모리'(Vado Mori)라는 연작시의 첫 구절과 끝 구절에 반복되었던 구절, '나는 죽으러 간다네'입니다. 시의 내용 중 일부는 이렇습니다.

▌ '죽음의 춤'(danse macabre, 독일 베를린)[4]

▌ '죽음의 춤'(에스토니아 탈린)[5]

"나는 죽으러 간다네(vado mori). 죽는다는 것은 확실하다네. 죽음보다 더 확실한 것은 없다네. 다만 그 시간이 언제일지 불확실할 뿐이라네. 나는 죽으러 간다네."[6]

'죽음의 춤'은 특징에 따라 세 가지 유형이 등장합니다.[7] 첫 번째 유형은 '베를린 마리엔교회'(1480-1500)에 있는 것으로 산 자와 죽은 자의 원무입니다. 춤을 주도하는 것은 죽은 자로, 죽은 자가 산 자를 인도하며 마지막에 오케스트라가 이들을 맞이합니다. 그리고 설교자는 그 옆에 서서 열심히 설교합니다. 이 작품에는 그리스도가 중심에 위치하면서 왼쪽에는 성직자들이, 오른쪽에는 세속의 사람들이 그려져 있습니다. 죽음 앞에서는 모두 평등하다는 것을 보여줍니다. 즉 죽음 앞에는 특권이 없음을 말합니다. 교회에서 일하는 사람에서 교황까지, 광대에서 황제까지 죽음 앞에선 모두 평등하다는 것을 이 그림이 말합니다.

이 그림의 각 인물 하나하나에는 텍스트가 붙어 있습니다. 운문으로 된 텍스트에서, 먼저 설교자가 말을 합니다. "곤궁 없이 살려고 했던 너, 이제 쓰디쓴 죽음을 맛보아야 하노라." 그러면 죽음이 말을 건네고 산 자가 거기에 응답하는 식의 대화체로 이어집니다. 죽음이 하는 말은 두 부분으로, 먼저 그 사람이 생전에 누렸던

'죽음의 춤'(독일 베를린)[8]

영화와 행복에 관해 얘기하고 이어서 이제 그 모든 것을 포기하고 자기와 춤을 추자고 권합니다. 가령 농부에게 죽음은 이렇게 말합니다. "돌아서라, 농부여. 너도 함께 가야 하노라. 너희들의 그 오랜

풍습대로 춤을 추어라. 네 밭에 뿌린 너의 수고는 이제 헛것이 되었으니…쟁기와 낫을 내려 놓아라…." 그러면 농부는 죽음에게 이렇게 대답합니다. "아, 착한 죽음이여, 내 젊음을 건드리지 말아다오. 친구여 나를 편히 내버려다오. 그러면 네게 맹세코 살찐 암소를 주겠노라. 하지만 난 아노라, 네가 그따위를 바라는 게 아님을. 아, 도우소서, 그리스도여…."

신기한 것은 다정하게 손을 잡고 가볍게 미소까지 짓고 있는 것입니다. 산 자도 도망치지 않고 순순히 죽음에 몸을 맡깁니다. 그리고 각 인물은 언제나 '주여 도와주소서'라는 기도로 말을 맺습니다. 그처럼 중세인은 우리만큼 죽음을 두려워하지 않았음을 알 수 있습니다.

두 번째 유형은 '스위스 바젤'(1440)에 있는 작품으로, 인물들의 대열은 오른쪽에서 왼쪽으로 향하고, 그 대열의 끝에 납골당이 그리고 가장 왼쪽에는 교황이 오고, 오른쪽으로 갈수록 점차 신분 서열이 낮아집니다. 납골당 문 위로 보이는 그림에는 하늘에서 내려오는 그리스도, 그 아래로 대천사 미카엘, 그 중심으로 양편에 선인과 악인이 등장합니다.

죽은 자들의 움직임은 역동적이어서 산 자들의 느릿느릿한 발걸음을 기다리지 못하는 듯 빨리 오라며 손짓을 하거나 억지로 끌

'죽음의 춤' (스위스 바젤)

어 잡습니다. 악기를 연주하며 산 자를 납골당으로 유혹하기도 합니다. 죽음에 관해 순응적이라기보다는 조금씩 불안감과 반항으로 바뀌어 가고 있음을 알 수 있습니다. 각 쌍은 서로 손을 놓고 있는데, 앞에서 살펴본 '베를린 마리엔교회'의 것이 전체가 손에 손을 잡고 모두 다 함께 죽음을 향해 가는 듯한 인상을 준 것과 비교할 때, 이것은 그 견고했던 신앙공동체의 끈이 끊어진 것처럼 보입니다. 각각의 쌍을 따로따로 묘사하는데, 이전까지 죽음에 대한 공포를 덜어주던 것이 신앙공동체였기에 개인은 더욱 불안해 보입니다. 이 춤의 대열을 이끌어 나가는 것이 죽은 자임을 뚜렷하게 표현하고 있습니다.

세 번째 유형은 '한스 홀바인'(1523-1526)의 작품으로, 수도원이나 공동묘지가 아닌 그림책을 위해 제작되었습니다. 삽화 정도가 아닌, 독립적이며 중심적인 위치를 차지합니다. 여기서 인물들은 개별적으로 나타나고, 각각 다른 공간에 속해 있습니다. 탁발수도승은 교회에서, 설교자는 연단 안에서, 주교는 야전에서, 그리고 부자는 가게 안에서 죽음을 맞이합니다. 포도 넝쿨이 우거진 곳에 앉아 있는 추기경은 죽음이 찾아온 것을 알지 못하는 듯하고 옆에 서서 장난을 해도 알아채지 못하고 자기 일만 할 뿐입니다. 설교자는 죽음의 필연성에 대해 설교하는 중일 텐데 열심히 떠드는 그의 뒤에 이미 죽음이 성직자의 휘장을 두르고 찾아와 서 있습니다. 반면 탁발수도승은 공포에 질린 표정으로 죽음이 잡아끄는 힘에 필사적으로 저항합니다. 이들은 끔찍한 지옥의 고통을 이야기해 주는 것이 주된 일이었는데, 그의 오른손은 한 주머니를 힘껏 부여잡고 있습니다. 부자도 죽음이 자기 돈을 훔쳐가는 데만 관심이 많습니다. 아쉬워하는 것은 삶이 아니라 죽음으로 인해 포기해야 할 재산인 것처럼 보입니다.

죽음은 삶의 자연스러운 과정이라기보다는, 오히려 삶의 강제

추기경, 설교자, 주교, 탁발수도승, 부자

적인 중단으로 보입니다. 작품 속의 사람들은 더 이상 춤을 추지 않고 자기가 속한 그곳에서 일상생활을 계속하고 있고, 아무런 예고도 없이 찾아온 죽음을 알아채지 못하고 일만 합니다. 이처럼 죽음의 지배력이 모두에게 미치고, 죽음에 대한 불안감은 날로 늘어가는 것이 이전과는 달라진 특징으로 나타납니다.

분명 죽음은 우리의 일상에 가까이 있는 것임에도 사람들은 그것을 쉽게 잊고 살아갑니다. 아니면, 죽음으로 말미암은 불안감을 극복하려고 더 많은 소유와 소비, 그리고 향락에 집착하는 태도를 보이기도 합니다. 어떤 사람은 죽기 전에 더 많은 업적을 남기려고 하거나, 가능한 한 더 오래 살기 위해 수단과 방법을 가리지 않기도 합니다. 그리고 더 많이 경험하고 삶을 더 많이 누리고자 정말 바쁘게 살아갑니다. 혹은 알코올과 마약, 그리고 자살을 극단적으로 선택하기도 합니다. 그러나 이 모든 인간적인 방법은 죽음의 문제에 대한 근본적인 해결책이 되지 못합니다.

그래서 성경은 삶 속에 있는 죽음의 현실을 망각하거나 회피하지 말고 오히려 그것을 직시함으로 삶의 지혜를 얻으라고 말씀합니다. 즉 삶 한가운데서 죽음을 의식할 때, 인간은 어떤 태도로 살아야 하는지, 어떤 존재가 되어야 하는지에 대한 지혜를 얻을 수 있다는 것입니다. 이것을 시편 90편 12절에서 이렇게 말씀합니다. "우리에게 우리 날 계수함을 가르치사 지혜로운 마음을 얻게 하소서." 우리의 생명의 날이 죽음으로 제한되어 있음을 깨닫고 늘 의식함으로 삶의 지혜를 얻게 해달라는 기도입니다.

구약성경은 악인의 승리와 즐거움이라는 것은 잠시이며 그 영광이라는 것도 아무것도 아니어서 다 사라질 것이니 그 모든 것과 함께 흙에 눕게 될 죽음의 날을 생각하며 악인의 길에서 돌아서라고 합니다(욥 20:5-8). 또한 어리석은 사람은 자신의 죽음을 의식하지 못하고 오늘을 탐닉하는 반면, 지혜로운 사람은 자기의 죽음을 미리 의식하면서 삶의 지혜를 얻는다고 합니다(전 7:2-4).

> 욥 20:5-8 "5 악인이 이긴다는 자랑도 잠시요 경건하지 못한 자의 즐거움도 잠깐이니라 6 그 존귀함이 하늘에 닿고 그 머리가 구름에 미칠지라도 7 자기의 똥처럼 영원히 망할 것이라 그를 본 자가 이르기를 그가 어디 있느냐 하리라 8 그는 꿈 같이 지나가니 다시 찾을 수 없을 것이요 밤에 보이는 환상처럼 사라지리라."
> 전 7:2-4 "2 초상집에 가는 것이 잔칫집에 가는 것보다 나으니 모든 사람의 끝이 이와 같이 됨이라 산 자는 이것을 그의 마음에 둘지어다 3 슬픔이 웃음보다 나음은 얼굴에 근심하는 것이 마음에 유익하기 때문이니라 4 지혜자의 마음은 초상집에 있으되 우매한 자의 마음은 혼인집에 있느니라."

또한 신약성경에서 '부자와 거지 나사로'의 말씀(눅 16:19-31)이나 '어리석은 부자'의 비유의 말씀(눅 12:13-21)은 우리 인간이 죽음과 죽음 후의 세계를 생각하면서 어떤 태도로 살아야 하는지, 무엇을 가장 소중히 여기며 오늘을 살아야 하는지, 가장 높은 가치의 삶이 진정 무엇인지, 삶의 지혜를 얻게 합니다.

눅 16:19-24 "19 한 부자가 있어 자색 옷과 고운 베옷을 입고 날마다 호화롭게 즐기더라 20 그런데 나사로라 이름하는 한 거지가 헌데 투성이로 그의 대문 앞에 버려진 채 21 그 부자의 상에서 떨어지는 것으로 배불리려 하매 심지어 개들이 와서 그 헌데를 핥더라 22 이에 그 거지가 죽어 천사들에게 받들려 아브라함의 품에 들어가고 부자도 죽어 장사되매 23 그가 음부에서 고통중에 눈을 들어 멀리 아브라함과 그의 품에 있는 나사로를 보고 24 불러 이르되 아버지 아브라함이여 나를 긍휼히 여기사 나사로를 보내어 그 손가락 끝에 물을 찍어 내 혀를 서늘하게 하소서 내가 이 불꽃 가운데서 괴로워하나이다."

눅 12:16-21 "16 또 비유로 그들에게 말하여 이르시되 한 부자가 그 밭에 소출이 풍성하매 17 심중에 생각하여 이르되 내가 곡식 쌓아 둘 곳이 없으니 어찌할까 하고 18 또 이르되 내가 이렇게 하리라 내 곳간을 헐고 더 크게 짓고 내 모든 곡식과 물건을 거기 쌓아 두리라 19 또 내가 내 영혼에게 이르되 영혼아 여러 해 쓸 물건을 많이 쌓아 두었으니 평안히 쉬고 먹고 마시고 즐거워하자 하리라 하되 20 하나님은 이르시되 어리석은 자여 오늘 밤에 네 영혼을 도로 찾으리니 그러면 네 준비한 것이 누구의 것이 되겠느냐 하셨으니 21 자기를 위하여 재물을 쌓아 두고 하나님께 대하여 부요하지 못한 자가 이와 같으니라."

3. 죽음을 생각함의 유익

성경은 죽음에 대해 단지 신체적인 죽음만이 아닌 삶의 죽음에 대해 말하면서, 죽음을 생각함의 유익을 다양하게 설명합니다.

첫째, 죽음을 생각함은 교만한 인간으로 하여금 겸손하게 합니다. 『모리와 함께한 화요일』(*Tuesdays with Morrie*)이라는 책은 영화로도 제작되었습니다. 모리 슈워츠 교수는 미국 매사추세츠 월트햄에 있는 브랜다이스대학에서 35년 동안 사회학 교수로 재직하다 1994년 77세 나이에 루게릭병이 걸렸습니다. 정신은 멀쩡하지만, 다리부터 서서히 굳어지기 시작하는 이 병은 결국 심장까지 다가와 목숨을 잃게 하는데, 보통 3년 이내에 50%, 6년 이내에 90%가 죽습니다. 그에게는 미치 앨봄이라는 애제자가 있었는데 그는 각종 매체에서 언론인 겸 작가로 정신없이 활동하고 있었으며, 성공을 위해 다른 사람을 비난하는 기사도 서슴없이 쓰곤 했습니다. 그랬던 그가 우연히 스승의 투병 생활에 대한 TV 방송을 보게 되어

미치 앨봄(Mitch Albom), 『모리와 함께한 화요일』 (Tuesdays with Morrie), 살림 (2010)

스승을 만나고 온 후 매주 화요일에 인생의 의미에 대해 이야기하는 수업시간을 갖게 됩니다. 그는 이 시간을 통해 성공 지향적이고 일 지향적이며 자기중심적인 삶에 변화를 겪습니다.

모리 교수는 이런 말을 제자에게 해 줍니다. "죽음은 전염이 아니라네. 알겠나? 죽음은 생명처럼 자연스러운 거라네. 우리가 태어나면서 맺은 거래의 한 부분이지." "죽음은 삶의 끝이지 우리들 관계의 끝이 아니야." 영화 '모리와 함께한 화요일'에서 앨봄은 죽음을 앞둔 스승 모리와의 만남을 통해 죽음을 보며 죽음을 깊이 생각하게 되고, 삶의 의미를 새롭게 깨닫는 가운데 겸손한 사람으로 변화됩니다.

하나님은 영원한 반면, 인간은 죽음으로 돌아갈 수밖에 없는 유한한 존재입니다. 하나님은 어디에나 계신 반면, 인간은 이 땅에서 정해진 삶을 살다 언젠가 흙으로 돌아갈 수밖에 없는 존재입니다(창 3:19). 하나님의 영원 앞에 인간의 삶의 시간은 한순간과 같습니다. 이것을 깨닫는 사람은 자기를 하나님 앞에 겸손히 낮출 수 있으며, 그의 말씀을 청종할 수 있습니다. 그리고 죽음 앞에서 모든 사람이 똑같다는 진리를 매일 새롭게 발견합니다. 시편 49편 10-11절의 말씀입니다. "10 그러나 그는 지혜 있는 자도 죽고 어리석고 무지한 자도 함께 망하며 그들의 재물은 남에게 남겨 두고 떠나는 것을 보게 되리로다 11 그러나 그들의 속생각에 그들의 집은 영원히 있고 그들의 거처는 대대에 이르리라 하여 그들의 토지를 자기 이름으로 부르도다."

죽음을 생각함의 유익 둘째는 죽음에 대한 태도를 미리 취하게 합니다. 생물 가운데 자신의 죽음을 미리 의식하며 죽음에 대한 태도를 의식적으로 준비할 수 있는 것은 인간뿐입니다. 더욱이 인간은 죽음의 징조가 전혀 느껴지지 않는 상황 속에서도 자신의 죽음을 의식할 수 있고, 죽음에 대한 의식 가운데서 자신의 삶과 죽음

▌ 에덴낙원 부활소망가든

에 대한 태도를 미리 결정할 수 있습니다.

스웨덴 고센버그에서 태어난 마르가레타 망누손은 『내가 내일 죽는다면』에서 삶을 정돈하는 가장 따뜻한 방법인 '데스 클리닝'(Death Cleaning)에 대해서 소개합니다. 스웨덴 말로는 '데스테드닝'이라고 하는데, '데'는 죽음을 그리고 '스테드닝'은 청소를 뜻한다고 합니다. 살날이 얼마 남지 않았다는 생각이 들 때 불필요한 것들을 처분하고 집을 말끔히 정리하는 일이 바로 데스 클리닝입니다. 그녀의 첫 번째 데스 클리닝은 어머니가 돌아가셨을 때 경험했으며, 두 번째 데스 클리닝은 시어머니가 돌아가셨을 때 경험했습니다. 그리고 지금은 자신의 데스 클리닝을 준비한다고 합니다. 가진 것들을 점검하고 더는 필요하지 않은 것들을 어떻게 청산할지 결정하는 이 일이야말로 우리가 떠난 뒤에 남겨질 사랑하는 사람들이 소중한 시간을 낭비하지 않도록 살아 있는 동안 반드시 해야 할 일이라고 강조합니다. 죽음에 대한 태도를 미리 취하는 가운데 삶을 보다 단정하고 정갈하게 세워갈 수 있습니다.

다음은 이해인 시인의 '옷 정리'라는 시의 일부분입니다.

"옷장을 열고
정리를 시작하는데

몇 가지 안 되는 옷들도

저마다 나에게

할 이야기가 많네

웃다가 울다가

침묵하다가

넌지시 한마디씩

말을 건네오네

'그때 그 일엔 지혜가 좀 부족했구요'

'이 옷을 입고 만난 그 사람에겐

좀 더 호의를 갖고 대해도 좋았을 거예요'

'그땐 좀 더 참았으면 좋았겠어요'

그랬구나

그랬구나"[9]

    죽음을 생각함의 셋째 유익은 죽음을 생각함으로 순간순간을 충실하고 의미 있게 살게 합니다. 죽음을 의식하면서 우리의 삶의 제한성, 유일회성, 불가역성을 깨닫습니다. 죽음으로 마감되는 삶의 시간을 돌이킬 수 없으며 반복될 수 없음을 알기에, 한번 지나간 순간은 다시 돌아오지 않으며 시간이 지날 때마다 죽음 곧 삶의 끝이 가까이 옴을 알기에 순간순간이 얼마나 귀중한가를 다시 한 번 깨닫고 충실하고 의미 있게 살아야 함을 깨닫습니다.

묘지 안에 있는 사람과 묘지 밖에 있는 사람을 대상으로 실험을 했다고 합니다. 어떤 사람이 노트북을 들고 있다가 떨어뜨릴 때 누가 더 많이 도와주는가를 조사했더니, 묘지 안에 있는 사람들이 일반 공간에 있는 사람들보다 40%나 더 많이 도와줬다고 합니다. 묘지에서 사람들은 그만큼 남에 대한 배려심이 깊어진다는 것이지요. 또 공동묘지를 정기적으로 산책하는 사람은 낯선 나그네에 대한 배려를 더 많이 한다고 하는데, 이는 죽음에 대한 자각이 높아짐으로써 인내심, 평등의식, 연민, 감정이입과 평화주의에 대한 동기부여가 이루어져 그런 것이라고 합니다.

넷째, 죽음을 생각함은 참되고 영원한 것을 찾는 삶의 태도로 이끕니다. 인간의 욕망은 끝이 없어서 처음에는 살기 위해 소유하지만, 나중에는 소유하기 위해 소유하고자 하는 현상을 보입니다. 결국 소유가 인간을 위해 존재하는 것이 아니라, 인간이 소유를 위해 존재하는 꼴이 됩니다. 이로 인해 인간이 비인간화됨은 물론 사

▌ 국립서울현충원(한국)

▌ 알링턴 국립묘지(미국)

회 전체가 비인간적인 사회로 변모합니다. 죽음을 배제한 결과입니다. 그러나 모든 것을 언젠가 놓고 떠날 수밖에 없음을 깨달을 때 인간은 자기가 가진 것을 자랑하지 않게 되고 참으로 가치 있는 일, 우리의 삶에 영원한 의미를 부여할 수 있는 일에 대해 눈을 뜨게 됩니다. 죽음을 생각할 때 '있음' 자체를 기뻐하는 마음이 생깁니다.

시편 49편 16-20절의 말씀입니다. "16 사람이 치부하여 그의 집의 영광이 더할 때에 너는 두려워하지 말지어다 17 그가 죽으매 가져가는 것이 없고 그의 영광이 그를 따라 내려가지 못함이로다 18 그가 비록 생시에 자기를 축하하며 스스로 좋게 함으로 사람들에게 칭찬을 받을지라도 19 그들은 그들의 역대 조상들에게로 돌아가리니 영원히 빛을 보지 못하리로다 20 존귀하나 깨닫지 못하는 사람은 멸망하는 짐승 같도다."

'안개 바다 위의 방랑자'(카스파 다비드 프리드리히, 1818)

어떤 젊은이가 배낭을 메고 등산을 하다가 깊은 산중에서 길을 잃었습니다. 산중에서 혼자 길을 잃고 헤매는 것은 정말 위험하며 두려운 일입니다. 이 청년은 날이 어둡기 전에 길을 찾으려고 미친 듯이 아래를 향해 달려갔습니다. 그리고 천신만고 끝에 숲속의 외딴곳에서 집을 짓고 홀로 사는 노인 한 분을 만나게 되었습니다. 생명을 구하게 된 것이지요. 그 집의 노인은 청년에게 이런 교훈을 말해 주었습니다. "여보게 젊은이! 대부분 사람은 산속에서 길을 잃게 될 때 무작정 아래로 내려가면 사는 줄 알고 내려간다네. 그러나 그것은 사는 길이 아니고 죽는 길이지. 앞으로 반드시 명심하기 바라네. 산속에서 길을 잃게 되면 위를 바라보고 위를 향해서 올라가야 살 수 있다네. 산꼭대기에 올라가서 내가 서 있는 위치가 어딘지 분명히 파악하고 길이 어디로 나 있는지, 동네가 어디에 있는지 그것을 분명히 알고 난 다음 방향을 잘 정해서 나아가야지 살 수 있다네."

자신의 삶의 날을 계수할 줄 알고 죽음에 대해 생각할 수 있는 사람이야말로 인생의 큰 그림을 보며 가야 할 길을 알면서 가는 사람입니다. 죽음을 생각함으로써 우리의 시선을 더 높은 곳에 두고 더 귀한 가치에 대해 생각할 수 있습니다.

4. 오늘이 나의 삶의 마지막이라면

오늘이 영원하지 않음과 오늘이라는 시간이 특별하게 주어진 시간임을 기억하는 사람은 지금을 감사하며 소중하게 생각합니다. 죽음에 대한 인식과 죽음을 준비하는 삶은 오늘의 가치를 더욱 빛나게 하며, 감사하게 하고, 오늘 나에게 주신 사명에 충실하게 만듭니다. 이런 이들이 진정한 행복을 누립니다. 진정한 행복을 사랑하는 사람, 가까운 사람과 함께할 수 있습니다.

영화 '어바웃 타임'(About time)에서 우리는 일상의 삶을 풍성하게 만드는 귀한 지혜를 배울 수 있습니다. 주인공 팀은 성인이 되는 날 아버지로부터 가문의 비밀을 듣게 됩니다. 그것은 바로 시간을 되돌릴 수 있는 능력이었는데, 어두컴컴한 장소에 들어가서 두 주먹만 움켜쥐면 시간을 되돌릴 수 있었습니다. 그러나 이 능력은 과거 전용이며, 그 과거는 자신의 것으로 한정됩니다. 그는 이 능력으로 메리와 결혼도 하였으며, 교통사고를 당한 동생 킷캣과 암에 걸려 시한부 인생을 살게 된 아버지 때문에 시간 여행도 하게 됩니다. 그러나 문제는 과거의 행보를 잘못 틀면 현재가 뒤틀리게 되므로 가족이 불상사를 당해도 쉽게 되돌리지 못합니다.

시간이 흘러 아버지는 죽음을 앞두고 마지막으로 더욱 중요한 행복공식이 있다며 알려줍니다. 그것은 첫째, 다른 사람처럼 하루하루를 열심히 살라는 것과 둘째, 매일 똑같이 두 번을 살아보라는 것이었습니다. 팀은 그렇게 살아보면서 두 번의 상황은 똑같았지만, 팀의 마음이 달라지는 것을 경험하게 됩니다. 그러면서 행복감이 자라는 것과 현재가 얼마나 소중한지를 깨닫게 됩니다.

그리스 3대 비극 시인 중 한 사람인 소포클레스(Sophocles)의 "내가 헛되이 보낸 오늘은 어제 죽어간 이들이 그토록 바라던 내일이었다."라는 말처럼, 오늘이 나의 삶의 마지막이라는 의식 속에 살아갈 때 이 순간이 얼마나 소중하고 귀한지를 깨닫고, 또 행복을 맛보게 됩니다. 오늘이 나의 삶의 마지막 날인 것처럼 자신에게 주어진 삶의 날을 지혜롭게 채워가는 사람에게 허락된 선물, 그것이 바로 행복입니다. "우리에게 우리 날 계수함을 가르치사 지혜로운 마음을 얻게 하소서"(시 90:12).

미주

1) 이어령, 『뜻으로 읽는 한국어사전』, (주)문학사상(2009), p. 25.
2) 셸리 케이건, 『죽음이란 무엇인가』(*Death*), 엘도라도(2012), p. 507.
3) Ibid., pp. 375-398.
4) http://www.dodedans.com(by Martin Hagstrøm) 사진 인용.
5) http://www.dodedans.com(by Martin Hagstrøm) 사진 인용.
6) 서울대학교 중세르네상스연구소, 『중세의 죽음』, 산처럼(2015), p. 10.
7) 진중권, 『춤추는 죽음 Ⅰ』, 세종서적(2005), pp. 133-156.
8) http://www.dodedans.com(by Martin Hagstrøm) 사진 인용.
9) 이해인, 『필 때도 질 때도 동백꽃처럼』, 마음산책(2014), pp. 142-143.

02

배우는 죽음
- Ars Moriendi(죽음의 기술)

행복
웰다잉 *Well-Dying* 에서;
배우다

· 02 ·

배우는 죽음
— Ars Moriendi(죽음의 기술)

 죽음 준비 정도에 대해 설문 조사한 연구에 의하면, '거의 준비하고 있지 않다'는 비율이 전체 응답자의 35.3%로 가장 높게 나타났다고 합니다. 이는 김숙·한정란이 충청남도 6개 군에 거주하는 30대 이상 성인 1,010명을 대상으로 죽음 준비에 관해 설문 조사한 결과인데, 다음으로는 '전혀 준비 안했다'가 28.4%로 나타났습니다. 그리고 죽음 준비를 한 이유에 대해서는 '가족의 수고를 덜어주기 위해서'가 27.8%로 가장 많았고, '내 자신의 죽음을 스스로 준비하고 싶어서', '그냥 막연하게 그래야 할 것 같아서', '미리 준

비하는 것이 경제적일 것 같아서'의 순으로 나타났습니다. 반면에 죽음에 대해 준비하지 못하는 이유로는 '죽음은 아직 나와는 거리가 멀다고 생각해서'가 35.7%로 가장 많았고, 그 외에 '어떤 준비를 해야 하는지 잘 몰라서', '특별히 준비를 하지 않아도 된다고 생각해서', '죽음을 준비하는 것이 두려워서'의 순으로 나타났습니다. 그리고 '지나온 삶에 대한 만족도', '죽음에 대한 생각 빈도', '죽음 준비 정도'가 죽음 불안에 영향을 미치는 중요한 요인으로 나타났다고 합니다.[1]

죽음을 배우면 삶이 달라진다고 말하는 호스피스 의사 김여환은 『죽기 전에 더 늦기 전에』에서 이렇게 말합니다. "죽음을 배우면 죽음이 달라지는 것이 아니라 삶이 달라진다. 자신의 마지막을 정면으로 응시하면 들쭉날쭉하던 삶에 일관성이 생기고 시련을 극복할 수 있는 용기가 생긴다."[2]

죽음은 먼 곳의 남의 이야기가 아님에도 우리는 죽음을 항상 멀리 있는 것으로 생각합니다. 그래서 대부분 잊고 살거나 무시하며 살아갑니다. 뭐 일부러 생각할 필요가 있나 싶어 합니다. 이러한 의식 속에는 죽음은 모든 것의 끝이라는 두려움과 비생산적인 것이라는 생각, 그리고 허무감의 영향이 자리하고 있습니다. 그러나 조금만 생각해 보면 죽음만큼 우리의 현실과 가까이 있는 것도 없습니다. 우리는 수많은 죽음의 소식을 접하며 살아가기 때문이며 그것이 언제든지 나의 일이 될 수 있기 때문입니다. 이 죽음에 대한 이해는 시대마다 달라 왔는데, 한 가지 특징은 물리적으로나 심리적으로 점점 우리와 멀어지게 되었다는 것입니다.

특히 자본주의는 죽음을 금기시합니다. 그것은 자본주의가 소비를 기반으로 하기 때문이라고 합니다. 자본주의는 소비를 통해서 삶의 의미를 찾게 하는데, 이 소비문화로 인해 상품 가치가 없는 죽음은 아무런 가치가 없는 쓸데없는 것이 되어버렸습니다. 소비를 미덕으로 여기는 20세기 자본주의는 우리에게서 죽음을 잊게 하고 쾌락과 소비를 조장합니다. 게다가 최근에는 죽음도 상품화가 되어 다양한 마케팅을 통해 돈벌이로 이용되고 있습니다. 별로 좋아 보이지 않습니다. 그런 면에서 오늘날 죽음은 삶과 완전히 분리되었습니다. 오늘날 죽음은 나와 관계없는 것으로 생각하려 합니다.

1. 죽음 앞의 인간 - 죽음에 대한 태도

프랑스 학자인 필립 아리에스는 『죽음 앞의 인간』(*L'bomme Devant la Mort*)이라는 책에서 서양인들의 죽음에 대한 태도를 다음

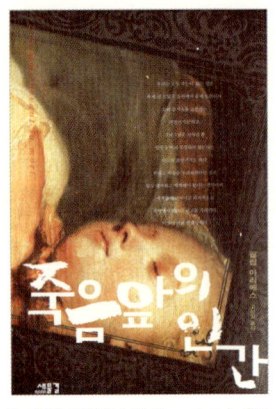

필립 아리에스(Philippe Ariés), 『죽음 앞의 인간』(*L'bomme Devant la Mort*), 새물결(2004)

다섯 시기로 구분합니다.[3]

첫째 유형은 중세 초의 '길들여진 죽음'입니다. 인간과 친숙한 죽음으로 나타나는데, 이 시기의 사람들은 삶 속에서 죽음을 인식하고 늘 죽음을 준비하여 막상 죽음이 닥쳐도 평온하게 맞이했습니다. 이전 시대에 묘지가 저주받은 장소로 여겨져 도시 외곽으로 내몰렸다면, 이 시기에는 성인 곁에 매장되거나 교회 내에 매장되었습니다. 한 사람의 죽음은 공동체 전체가 참여하는 사건이었습니다. 비록 육신의 몸은 소멸하지만 다시 부활할 것임을 믿었기에 편안한 마음으로 임종을 맞이했습니다. 그래서 이때 사람들이 두려워했던 것은 죽음 자체가 아니라 특정한 죽음, 즉 공동체의 밖에서 객사하거나 천국행을 위한 임종 성사를 받을 틈도 없이 갑작스럽게 죽는 것이었습니다. 그러나 이후 죽음은 점점 우리의 삶과 멀어지고, 공동체와 멀어지고, 추상화되고 상징화됩니다.

둘째 유형은 중세 말기의 '자신의 죽음'입니다. 공동체는 점차 해체되기 시작하고 개인주의화 되면서 죽음 뒤에 각 개인의 심판

▌ '오르가스 백작의 매장'(The Burial of the Count of Orgaz), 엘 그레코(1586)

▌ '최후의 심판'(The Last Judgement), 프라 안젤리코(1450년대)

'죽음의 승리'(Triumph of Death), 트라이니(1334-1342)

'탐욕스런 자의 죽음'(Death and the Usurer), 히에로니무스 보스(1485-1490)

이 이루어진다는 믿음이 강해집니다. 영생에 대한 기독교 신앙은 여전히 남아 있지만, 외적인 선행이나 연보가 아닌 믿음으로 구원받음에 대한 인식이 생겨나면서 사람들은 자기 자신의 내면을 들여다보게 되고, 내가 정말 구원받고 영생을 얻을 수 있을지에 대한 회의와 불안감에 죽음의 공포는 더욱 커졌습니다. 죽음을 함께 감당하던 공동체의 끈이 약해지면서 개인적으로 죽음을 맞아야 한다는 것이 그 불안감을 더욱 가중시켰습니다. 죽은 이가 그리스도 앞에서 개인적 심판을 받고,

천사와 악마가 병상에서 개인의 영혼을 놓고 토론하는 장면이 목판화 등에 등장합니다. 무덤에는 묘지명이 등장하고 자신을 나타내는 조각도 세워집니다.

셋째 유형은 바로크 시대의 '먼 죽음과 가까운 죽음'입니다. 이 시기에는 죽음에 대한 커다란 공포감과 더불어 묘하게도 죽음에 대한 과학적 사랑이 해부학의 열풍으로 나타났습니다. 그래서 웬만한 교양인의 집에는 해부학 실험실이 갖추어져 있거나 대학에서는 날마다 해부학 공개강의가 이루어졌다고 합니다. 성당에는 잔혹한 순교 장면을 그린 그림들이 등장했고, 죽음을 거부하면서도 죽음이 극화되고 극적 감동을 일으키는 현상이 나타납니다. 죽음을 거부하면서도 동시에 시체와 그것을 은근히 추구하며 선호하는 모순적인 태도가

'바니타스'(Vanitas), 데이비드 베일리(1650)

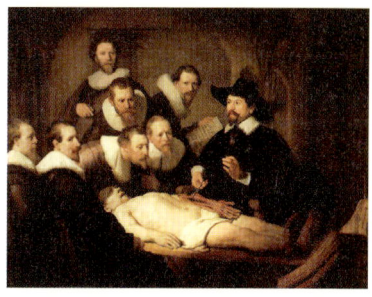
'니콜라스 툴프 박사의 해부학 강의'(Anatomie Nicolaes Tulp), 렘브란트(1632)

유행했습니다.

넷째 유형은 낭만주의 시대로 '타인의 죽음'입니다. 이 시기에는 사람들이 자기 자신의 죽음조차도 사랑하는 타인의 죽음이라는 안경을 통해 들여다보게 됩니다. 사랑하는 이의 죽음이 아담과 하와의 원죄로 인한 결과라는 것을 받아들이기에는 심리적으로나 이성적으로 용납이 되지 않습니다. 그런 눈으로 자신의 죽음도 해석하려 한 것입니다. 이제 죽음은 더 이상 공포의 대상이라기보다는 동경의 대상이 되거나 달콤하고 아름다운 것이 됩니다. 오히려 구차하게 살아남은 자의 삶이 고통스럽고 추한 것이 되어버립니다.

'에우리티케의 죽음을 애도하는 오르페우스'(Orpheus Mourning the Death of Eurydice), 아리 세퍼(1814년)

'오필리아'(Ophelia), 존 에버릿 밀레(1852)

다섯째 유형은 현대로 '역전된 죽음'입니다. 이제는 더 이상 죽음을 아름답게 꾸미는 낭만주의 미학적 태도는 사라지고 현대인은 그 어느 시대보다 죽음을 끔찍한 것으로 경험합니다. 이 공포를 극복할 수 없기에 단지 죽음을 잊으려고 할 뿐이고, 그리하여 오늘날 죽음에 관해 얘기하는 것은 우리 사회의 가장 강력한 터부가 되었습니다. 죽어가는 자들은 병원의 병실에 격리되거나 아무도 없는 가운데 쓸쓸하게 죽어갑니다. 사회 자체가 죽음을 보지 못하게 합니다. 그래서 과거에 죽음을 담당하던 사람이 사제였으며, 낭만주의 시대에는 시인이 하던 일을 이제는 의사가

'1808년 5월 3일'(The Third of May), 프란시스코 고야(1814)

'임종 침상의 카미유', 클로드 모네(1870-1871)

맡습니다. 그리고 죽음을 이길 전략이 없는 이러한 상황에서 죽음의 공포를 견디는 유일한 방법은 망각이 됩니다.

2. 죽음에 이르는 과정

시대에 따라 죽음에 대한 이해가 달라졌지만, 죽음에 이르는 과정은 대부분 비슷하다고 합니다. 누구나 겪게 되는 죽음에 이르는 과정에 대해 엘리자베스 퀴블러 로스는 『죽음과 죽어감』(*On Death and Dying*)에서 첫째 단계 '부정과 고립', 둘째 단계 '분노', 셋째 단계 '협상', 넷째 단계 '우울', 다섯째 단계 '수용'으로 설명합니다. 그녀는 이러한 다섯 단계의 과정을 모든 사람이 필연적으로 겪는 것은 아니며 순차적으로 또는 겹쳐서 겪기도 한다고 설명합니다. 이때 각 단계에서 모든 환자는 희망을 버리지 않습니다. 각 단계의 내용은 이렇습니다.[4]

죽음에 이르는 첫째 단계는 부정과 고립입니다. 죽게 된다는 사실을 부정합니다. 일종이 쇼크 상태로 누구라도 자신이 죽는다는 것을 받아들이기 힘들어합니다. 자신의 옆에 있는 모든 것이 그대로 있는데, 자신만 이 자리에서 사라질 것을 받아들일 수 없어 부정합니다.

둘째 단계는 분노입니다. 자신이 죽어야 한다는 사실에 대해 화를 냅니다. 자신의 삶이 너무 갑작스럽게, 너무 일찍 유린당한다는 것에 분노합니다. 이러한 분노의 이면에는 속았다는 느낌이 자리하고 있습니다. 이것은 하나님에 대한 분노일 수도 있는데, 이러한 분노는 주변의 가족이나 의료진에게 돌아가기도 합니다.

셋째 단계는 협상입니다. 협상이라는 것은 죽음을 미루기 위한 하나의 수단으로 사용됩니다. 자신의 선한 행위에 대한 보상을 요구한다든지, 인생에 대한 깊은 후회 가운데 죽음에 직면한 사람은 이제 어떻게 살길이 없는지를 탐색하게 되고, 그 협상 가운데 애원은 다양한 형태를 띠게 됩니다. 지나가 버린 수많은 기회에 대해 깊은 후회가 생깁니다.

넷째 단계는 우울입니다. 이제 사랑하는 모든 것, 모든 이들을 잃어야 한다는 것으로 인해 우울을 경험합니다. 희망을 상실하고 이제 내게 더 이상의 미래가 없음을 직감하면서 우울과 체념의 단계로 빠지게 됩니다. 이때 슬퍼하지 말라고 하는 것은 그다지 의미가 없습니다. 오히려 환자 곁에서 끊임없이 슬픔을 표현할 수 있도록 해주는 것이 마지막을 훨씬 더 편안하게 하도록 돕는 것입니다.

다섯 번째 단계는 수용입니다. 자신이 세상에 태어날 때가 있듯이 이제 삶을 마무리할 때가 있음을 받아들이게 됩니다. 삶의 마지

■ 알폰스 데켄, 『죽음을 어떻게 맞이할 것인가』, 궁리(2002)

막 과정을 평온 가운데 받아들일 수 있을 때 이제 삶의 마지막을 제대로 가꿀 수 있습니다. 이제 처음 출발했던 곳으로 다시 돌아갑니다.

그리고 여기에 더하여 일본학자 알폰스 데켄 교수는 이후 '새로운 희망과 회복의 단계'를 말합니다. 그는 많은 사람들을 상담하면서 관찰해 본 결과 죽음의 과정 가운데 다섯 번째 단계를 넘어서 그 다음의 단계를 밟는 사람들이 많은 것을 알았습니다. 어떤 사람들은 죽음에 대해 단지 수동적으로 용납할 뿐만 아니라, 미래의 희망 속에서 적극적으로 죽음을 고대하기도 한다는 것이지요. 즉 새로운 삶과 신앙의 기회로 나아가는 것입니다.[5]

3. 성경에서 배우는 죽음

성경은 인간이 삶의 충만함 속에서 살다가 수를 다하고 죽을 때, 죽음은 하나의 자연스러운 과정임을 말씀합니다. 또 그리스도인들은 사나 죽으나 그리스도 안에 있으며 그리스도와의 친교 안

| 에덴낙원 부활교회

에 있음을 말씀합니다. 그러나 동시에 인간 현실 속에서 일어나는 죽음 그 자체는 생명과 교통을 원하시는 하나님의 뜻에 모순되는 부정적이고 극복되어야 할 것으로 말씀합니다.

성경은 죽음에 대해 몇 가지 중요한 관점을 제공해 줍니다.[6] 첫째, 성경은 죽음이란 육신적인 차원에서의 죽음만이 아니라 인격적이고 영적인 차원의 죽음까지도 말씀합니다. 일반적으로 죽음을 삶의 끝이라고 생각합니다. 이것은 부인할 수 없는 사실입니다. 우리가 맺었던 관계가 중단되고, 경험하던 많은 것들을 경험할 수 없게 됩니다. 그러나 이것은 죽음이 지닌 의미의 한 면에 불과한데, 우리의 삶을 한 폭의 그림으로 생각할 때 죽음은 '끝'인 동시에 '완성'입니다. 태어나면서 부여받은 삶의 화폭에 어떻게 행동하고 사느냐에 따라 다양한 그림이 그려지는데, 인간은 자신이 원하든 원하지 않든 간에 죽음의 순간에 이르기까지 삶이라는 한 폭의 그림을 그려 나갑니다. 그런 의미에서 죽음은 삶의 끝인 동시에 삶의 목적과 완성이며, 죽음의 순간은 한평생 그려온 자기의 삶의 그림이 완성되는 순간입니다.

이처럼 인간은 약해지고 소멸하는 존재임과 동시에 인격적이고 영적인 존재이므로 죽음은 단지 생물학적 삶의 끝이 아니라, 영적 성숙의 완성을 뜻합니다. 그러므로 여러 가지 방법으로 삶의 기간을 최대한 연장시키면서 가능한 더 많이 소유하고 더 많이 즐기며 누리는 것이 삶의 최고 가치가 아님을 인간은 어느 순간인가 깨닫습니다. 인간으로서의 본래적 의미에 어울리는 삶을 살며 아름다운 삶의 마지막을 맞는 것에서 삶의 참된 가치를 발견할 수 있습니다. 바울의 고백입니다. "그러므로 우리가 낙심하지 아니하노니 우리의 겉사람은 낡아지나 우리의 속사람은 날로 새로워지도다"(고후 4:16).

둘째, 성경은 죽음을 생명을 파괴하는 세력으로 보는 동시에 하나님의 통치 안에 있음을 말씀합니다. 즉 죽음에는 긍정적인 측면과 부정적인 측면이 함께 공존합니다. 구약성경에서 하나님은 모든 생명의 원천이요, 삶을 가능케 하는 분으로 말씀합니다. 동시에 하나님이 숨을 거두어들이시면 피조물들은 죽어 먼지로 돌아가며, 따라서 죽음도 하나님의 통치 아래에 있음을 말씀합니다. 심지어 죽은 자도 살릴 수 있는 하나님의 능력을 고백합니다. 그래서 하나님의 역사하심 속에 엘리사는 수넴 여인의 죽은 아들을 다시 살리고, 엘리사의 무덤에 던져진 시체들이 다시 살아납니다(왕하 4:8 이하; 13:20-21). 그리고 역사의 종말에는 죽은 자의 부활이 있을 것임과 하나님의 나라가 임하는 가운데 하나님이 직접 통치하실 것임을 말씀합니다.

> 왕하 4:32-35 "32 엘리사가 집에 들어가 보니 아이가 죽었는데 자기의 침상에 눕혔는지라 33 들어가서는 문을 닫으니 두 사람 뿐이라 엘리사가 여호와께 기도하고 34 아이 위에 올라 엎드려 자기 입을 그의 입에, 자기 눈을 그의 눈에, 자기 손을 그의 손에 대고 그의 몸에 엎드리니 아이의 살이 차차 따뜻하더라 35 엘리사가 내려서 집 안에서 한 번 이리 저리 다니고 다시 아이 위에 올라 엎드리니 아이가 일곱 번 재채기 하고 눈을 뜨는지라."
>
> 왕하 13:20-21 "20 엘리사가 죽으니 그를 장사하였고 해가 바뀌매 모압 도적 떼들이 그 땅에 온지라 21 마침 사람을 장사하는 자들이 그 도적 떼를 보고 그의 시체를 엘리사의 묘실에 들이던지매 시체가 엘

리사의 뼈에 닿자 곧 회생하여 일어섰더라."

신약성경에서는 예수님의 부활을 통해 하나님은 죽음의 세력을 단 한 번, 그러나 모든 세대에 대하여 깨뜨리셨음을 전합니다. 피에로 델라 프란체스카는 '부활'이라는 작품에서 예수님의 부활을 여러 가지 대비를 통해 더욱 극명하게 나타냅니다. 먼저 부활한 예수님과 잠에 빠진 병사를 의도적으로 대비시킵니다. 또한 예수님은 밝게, 병사들은 어둡게 처리해 부활하신 분을 더 강조합니다. 그리고 예수님을 중심으로 오른쪽에 있는 나무는 잎이 무성하고, 왼쪽에 있는 나무는 앙상하게 표현하는 것을 통해 예수님의 부활 전후를 표현하고 있습니다. 고린도전서 15장 25-28절의 말씀입니다. "25 그가 모든 원수를 그 발 아래에 둘 때까지 반드시 왕 노릇 하시리니 26 맨 나중에 멸망 받을 원수는 사망이니라 27 만물을 그의 발 아래에 두셨다 하셨으니 만물을 아래에 둔다 말씀하실 때에 만

▌ '부활'(Resurrection), 피에르 프란체스카(1946년경)

물을 그의 아래에 두신 이가 그 중에 들지 아니한 것이 분명하도다 28 만물을 그에게 복종하게 하실 때에는 아들 자신도 그 때에 만물을 자기에게 복종하게 하신 이에게 복종하게 되리니 이는 하나님이 만유의 주로서 만유 안에 계시려 하심이라."

셋째로, 성경은 죽음 후의 심판에 대해 개인적 차원과 보편적 차원이 있음도 말씀합니다. 마태복음 25장의 선한 자들과 악한 자들의 심판은 역사의 마지막에 있을 모든 인류를 대상으로 한 보편적 차원의 심판을 말씀합니다. 이와 동시에 십자가에 못박히실 때 그 옆에 있던 한 강도에게 하신 '오늘 네가 나와 함께 낙원에 있으리라'는 예수님의 말씀(눅 23:43)은 죽음의 순간에 혹은 죽음 직후에 있을 개인적 차원의 심판의 측면도 생각하게 합니다.

'최후의 심판'(Last Judgment), 미켈란젤로(1535-1541)

마 25:31-33 "31 인자가 자기 영광으로 모든 천사와 함께 올 때에 자기 영광의 보좌에 앉으리니

32 모든 민족을 그 앞에 모으고 각각 구분하기를 목자가 양과 염소를 구분하는 것 같이 하여 33 양은 그 오른편에 염소는 왼편에 두리라."

4. 생사학 - 죽음을 배우다

오늘날 '생사학(죽음학)'이라는 학문이 관심을 끌고 있습니다. 생사학은 '죽음 교육'과 흐름을 같이하는데, '죽음학'은 1908년 노벨 생물화학상 공동 수상자 가운데 하나인 러시아 생물학자 메치니코프(Elie Metchnikoff)가 1903년에 출간한 『인간의 본성』에 '죽음학'(Thanatology)이라는 용어를 쓰면서 시작되었습니다. 죽음학은 죽음 교육을 포함하는데, 서양에서 죽음 교육은 1950년대 중반 죽음에 대한 학문적 관심과 함께 시작되었습니다. 특히 미국에서는 파이펠(Herman Feifel)이 『죽음의 의미』(1959)를 출간하면서 반향을 일으켰고, 1960년대 들어 여러 학자들이 고등교육기관에 '죽음과 죽어감' 관련 교과목을 개설하면서 정규과정으로 들어왔습니다.[7]

제임스 에디(James Eddy)와 웨슬리 앨리스(Wesley Alles)는 공저 *Death Education*(1983)에서 여러 학자들의 의견을 종합하여 죽음 교육의 중요성을 다음과 같이 설명합니다. 첫째, 사람들로 하여금 죽음과 대면할 때 효과적인 문제 해결 능력 및 대처 방안을 제공하여, 내면이 죽음에 대한 충격과 두려움을 극복할 수 있도록 합니다. 둘째, 일상적으로 즐기는 음악, 예술, 문학 등은 죽음에 대한 묘사로 충만하고, 대중매체에서도 죽음에 관한 보도가 쉼 없이 이어지고 있음에도 불구하고 우리는 죽음에 대해 굳게 입 다물고 외면합니다. 따라서 죽음 교육을 통해 이러한 충격과 정보를 직시하고 비교적 건강하고 정상적인 관점에서 죽음을 이야기할 수 있게 합니다. 셋째, 죽음은 한 사람의 삶이 끝났음을 알리는 최종 선고입니다. 죽음에 대한 사색을 통해 자신의 생활을 평가하고, 나아가 건강하고 행복한 삶을 영위할 수 있도록 스스로를 고무합니다. 넷째, 전문적이든 비전문적이든 관계없이 죽어가는 환자와 남은 가족들에게 적절한 돌봄과 정서적 지지를 제공할 수 있게 됩니다. 다섯째, 죽음과 죽어감에 대해 아무것도 모르는 사람들이 그 개념이나 주제 및 추세 등을 이해하는 데 도움을 줄 수 있습니다. 여섯째, 유언장, 상·장례 방법, 사전의료의향서 작성 등 자신의 죽음에 대해 준비를 공개적으로 진행하는 데 도움을 줄 수 있습니다. 이처럼 죽음에 대한 인식을 가지는 것은 멀리 떨어져 있는 죽음과 친숙하게 함으로 우리에게 오늘을 충만하게 살게 하고 또 오늘을 책임적 존재로 살아가게 합니다.

한국에서 죽음 교육은 1973년 김상태 교수가 덕성여대에 정규 과정을 개설한 것을 시작으로, 1990년대에 들어와서는 대학 평생 교육원에서 일반인을 대상으로, 그리고 1991년부터 '삶과 죽음을 생각하는 회' 등에서 죽음을 주제로 한 강연회로 열리고 있습니다. 교육의 내용은 주로 '삶의 의미 탐색', '죽음의 의미 탐색', '죽음의 실제적 준비'의 순서로 구성되는데, 죽음의 의미 탐색은 일반적인 죽음 전망에서 다른 사람의 죽음, 그리고 나의 죽음에 대한 전망의 내용으로 이루어집니다. 죽음 준비 교육의 내용은 각 단체마다 차이는 있지만 '자기소개 및 강좌의 이해', '노화와 노년기', '죽음의 의미 탐색하기', '사별과 상실을 어떻게 극복할 것인가?', '평화로운 죽음을 맞이하기 위하여', '내가 세상에 남긴 것은?'(유언장 작성), '나의 장례식 계획하기'(사망 후의 절차와 장례에 대한 체크 리스트), '나의 인생 정리하기' 등의 내용으로 이루어지고 있습니다. 이러한 교육은 죽음 불안을 경감시키고, 실제적인 문제를 미리 준비하고 풀어가는 데 도움이 됩니다.

다만 최근 죽음 준비 교육이 임종 체험과 같은 이벤트성 충격 요법으로 흐르는 경향에 대해서는 우려의 목소리도 있습니다. 오랫동안 죽음 준비 교육을 진행해 온 유경 선생은 이렇게 지적합니다. "'임종 체험'을 통해 죽음을 생각해 보고 다시 한번 삶을 돌아보며 점검하는 일은 분명 의미가 있다. 잠깐이라도 죽음을 생각하며 삶을 돌아보고 소중한 사람들을 다시 한번 확인하게 되지만, 이런 '임종 체험' 한 번으로 마치 죽음 준비를 다 한 것처럼 느낀다면 그건 오히려 안 하느니만 못하다고 생각한다. 그것도 으스스하고 마치 공포 체험에서나 나올 것 같은 저승사자 등장 프로그램으로는 말이다. 두려움에 앞서 피식 웃음만 나는 이런 장치가 도대체 무슨 소용이 있겠는가?"[8]

요즘 서울시설공단에서 실시하는 '추모힐링투어'도 죽음 교육의 하나의 유형으로 좀 더 활동적이고 다양한 경험을 통해 교육의 효과를 높이고 있습니다. 이것은 서울의 다양한 삶의 장소와 죽음의 공간들을 예술, 종교, 문화적 요소와 접목한 1일 여행 형태의 프로그램으로 만들었는데, 시민들의 관심이 높습니다. 화장장이나 묘지, 절두산 성지, 한옥마을 등을 견학하면서 자신의 삶을 되돌아보고 반복되는 일상에 활력을 되찾는 시간이 되고 있다고 합니다. 특히 서울승화원과 서울추모공원을 찾아 삶에 대한 진지한 물음을 스스로에게 던지게 하고 웰다잉 강의, 검소하고 착한 장례 소개, 우리나라 장례문화 소개 등, 죽음을 직접 접하는 현장에서 이루어지는 체험이 주는 교육적 의미가 크다고 합니다.

5. 버킷 리스트(Bucket list)

로브 라이너 감독의 영화 '버킷 리스트: 죽기 전에 꼭 하고 싶은 것들'(The Bucket List)은 행복한 죽음을 맞이하고자 하는 인간의 의식을 드러내는 영화입니다. 이 영화는 말기 암에 걸려 시한부 인생을 살아가는 두 노인이 같은 병실에 입원하면서 함께 계획하고 경험하는 인생의 마지막 여행과 그 과정에서 얻는 노년의 우정 및 삶의 가치를 보여줍니다. 가족들은 절대 포기하지 못한다고, 좀 더 나은 병원으로 가자고 하지만 두 사람은 이미 작성한 버킷 리스트를 가지고 자신이 정말 하고 싶었던 좋아하는 일에 몰입하면서 이전에 경험하지 못한 행복감을 경험합니다.

이들이 작성한 버킷 리스트에는 이런 것들이 있었습니다. '세렝게티에서 사냥하기', '엉덩이에 문신하기', '최고 비싼 차로 카레이싱', '눈물 날 때까지 웃어 보기', '가장 아름다운 소녀와 키스하기', '화장한 재를 깡통에 담아 경관 좋은 곳에 두기', '친구한테 전화하기', '배낭 메고 세계여행' 등입니다. 이 영화는 죽음과 친해지는

| '버킷 리스트'

과정을 그리고 있는 영화입니다.

영화 속 한 장면을 보면, 주인공들이 이집트 피라미드에 올라 영혼이 하늘에 가면 신으로부터 받게 되는 두 가지 질문에 대해 서로 대화를 나눕니다. 그 질문은 "당신은 인생에서 기쁨을 찾았는가?"와 "당신 인생이 다른 사람을 기쁘게 했는가?"입니다. 죽음을 회피하거나 무시하는 것이 아니라 친해지는 가운데 죽음의 참된 가치를 발견하는 것이 오늘 우리에게 주어진 삶의 과제임을 생각하게 하는 질문입니다. 죽음에 대해 생각하고 죽음에 대해 배워야 할 이유가 여기에 있습니다.

톨스토이 단편소설집 『사람은 무엇으로 사는가』에 실린 여러 이야기 중의 하나인 '사람은 얼마만큼의 땅이 필요한가?'는 시골에서 가족과 행복하게 살던 파홈이라는 농부의 이야기입니다. 그는 어느 날 마을의 여자 지주가 땅을 판다는 소문을 듣고 어렵게 마련한 돈으로 땅을 삽니다. 땅을 갖게 된 그는 무척 기뻤고 농사도 잘되어 행복했지만, 곧 이웃과의 마찰로 인해 볼가강 건너편으로 이사를 하게 되고 그곳에서 다섯 명의 가족에 대해 들판의 땅 50데샤티나를 배분받고 목장도 분배받아 가축도 기르게 됩니다. 하지만 더 많은 땅을 얻고 싶은 마음이 있던 중, 한 상인에게로부터 바시키르 족들이 땅을 엄청나게 싸게 팔고 있다는 소식을 듣고 그곳으로 찾아가 촌장을 만납니다. 당신이 원하는 땅을 선택하라는 말에 파홈이 가격을 묻자, 촌장은 이렇게 대답했습니다. "이곳 가격은 항상 똑같소. 하루 치에 천 루블이오. 당신이 하루 동안 돌아다닐 수 있을 만큼의 땅이 당신 것인데, 한 가지 조건은 해가 뜨면 출발해서 해가 질 때까지 출발 지점으로 돌아오지 못하면 당신은 돈만 날리는 것이오."

해가 뜨자마자 파홈은 서둘러 출발했는데, 욕심 때문에 너무 앞으로 전진만 했기 때문에 돌아가야 할 시간을 깨달았을 때는 해가 이미 저물고 있었습니다. 그는 죽을힘을 다해 달렸고, 마침내 출발 지점에 돌아왔습니다. 촌장은 "음, 대단한 친구군. 많은 땅을 차지하셨구만!"이라고 했지만, 달려온 하인이 쓰러져 있던 파홈을 일으켜 세웠을 때 이미 그의 입에서는 피가 철철 흘러나왔고, 결국 그는 목숨을 잃고 말았습니다. 바시키르 사람들은 혀를 차며 안타까워했고, 하인은 가래를 집어 들어 그가 들어갈 크기의 무덤을 팠습니다. 그리고 그를 묻었습니다. 결국 머리에서 발 끝까지 그가 묻힌 3아르신(약 2미터)의 공간이 그에게 필요한 땅 전부였습니다.

다음은 천상병 시인의 시, '귀천'입니다.[9]

"나 하늘로 돌아가리라

새벽빛 와 닿으면 스러지는

이슬 더불어 손에 손을 잡고,

나 하늘로 돌아가리라,

노을빛 함께 단 둘이서

기슭에서 놀다가 구름 손짓하며는,

나 하늘로 돌아가리라,

아름다운 이 세상 소풍 끝내는 날,

가서, 아름다웠더라고 말하리라……"

시인은 이 땅에서의 삶을 소풍으로 표현하면서 이 세상 소풍이 끝나는 날 하늘로 돌아가게 됨을 노래합니다. 죽음으로 모든 것이 끝이 아니라는 깊은 이해를 우리에게 전해 줍니다.

미주

1) 김숙·한정란, '성인들의 죽음에 관한 인식, 죽음 준비, 죽음 불안', 인구교육 (Vol. 5, 2012).
2) 김여환, 『죽기 전에 더 늦기 전에』, 청림출판(2014). p. 10.
3) 필립 아리에스, 『죽음 앞의 인간』, 새물결(2004), pp. 1087-1110. 진중권, 『춤추는 죽음 I』, 세종서적(2005), pp. 19-327. 진중권, 『춤추는 죽음 II』, 세종서적(2012), pp. 23-332.
4) 엘리자베스 퀴블러 로스, 『죽음과 죽어감』(*On Death and Dying*), 이레(2008), pp. 66-224.
5) 알폰스 데켄, 『죽음을 어떻게 맞이할 것인가』, 궁리(2002), p. 39.
6) 김균진, 『죽음의 신학』, 대한기독교서회(2003), pp. 147-218.
7) 한국죽음학회. 『죽음맞이』, 모시는 사람들(2013), pp. 134-135.
8) 유경, 『죽음 준비학교』, 궁리(2008), p. 205.
9) 천상병 저/이정옥 편, 『천상병 전집』, 평민사(2007), p. 81.

03

존엄한 죽음

행복
웰다잉 *Well-Dying* 에서
배우다

· 03 ·

존엄한 죽음

　생명유지 장치를 비롯한 의료기술의 발달로 인위적으로 생명유지가 가능한 상황이 되면서 '존엄한 죽음', '품위 있는 죽음'에 대한 사람들의 관심이 높아지고 있습니다. 무엇이 참다운 삶이며 무엇이 생을 잘 마치는 것인지에 대한 고민이 생긴 것입니다. 품위 있는 죽음의 조건에 대해 KBS '생로병사의 비밀'에서 다양한 집단과 연령대의 국민 165명을 대상으로 설문 조사한 결과를 보면 사람들은 '사랑하는 사람과 함께 있는 것'(35.8%), '주변 정리와 의미 있는 마무리'(23.5%), '다른 사람에게 부담 주지 않음'(21.2%), 그리

고 '영적인 안정 상태'(8.5%)와 '통증으로부터 해방된 상태'(6.1%)를 꼽았습니다.

1. 죽음 앞에서의 불안감

영화 '타이타닉'(Titanic)은 1912년 4월 14일 북대서양을 항해하던 타이타닉호가 큰 빙하에 의해 선체 옆구리가 찢기면서 들이치는 바닷물에 침몰했던 사건을 배경으로 한 영화입니다. 절대로 가라앉지 않는 배라는 칭호를 받고 영국에서 출발해서 미국으로 가

'타이타닉 침몰'(Titanic sinking), 윌리 스토워(Willy Stöwer, 1912)

던 첫 번째 항해에서 타이타닉호는 이런 비참한 사고를 당하게 됩니다. 이 호화여객선에 탑승했던 1천5백 명이 넘는 승객 중에 천여 명 가까운 사람이 목숨을 잃습니다. 이 영화에서 사람들이 많이 기억하는 한 장면을 꼽으라면 뱃머리에서 잭과 로즈가 두 팔을 벌린 채 바다를 바라보는 장면일 것입니다.

그런데 참 의아하면서도 신기한 장면이 하나 있는데, 바로 배가 침몰하는 가운데 몇몇 연주자들이 함께 'Amazing Grace'를 연주하는 장면입니다. 그들은 아비규환이 된 배에서 평정심을 유지하며 악기를 연주합니다. 어떻게 저 자리를 지킬 수 있을까 싶은 생각이 들 정도입니다. 그리고 침몰하는 배에서 사람들은 울부짖고 도망하며 어쩔 줄 몰라 하지만, 선장 에드워드 스미스가 의연한 자세로 타이타닉호와 최후를 함께하는 장면도 있습니다. 죽음을 맞이하는 것은 모든 인간이 공통으로 경험하는 것이지만, 그 죽음 앞에서의 태도와 모습들은 전혀 다른 것을 볼 수 있습니다.

중국 산시성의 산기슭에는 동서길이 485미터, 남북길이 515미터, 높이 76미터에 이르는 거대한 무덤이 있습니다. 무덤이라기보다는 산에 가까운 모습입니다. 거대한 무덤 속에는 흙으로 빚은 백성과 병사, 말과 전차 모양 형상이 수천 점 배치되어 있습니다. 이 커다란 무덤의 주인공은 바로 최초로 중국을 통일한 진시황입니

진시황릉 지하 갱도에서 발견된 병마용

다. 그는 대제국을 건설하고 문자와 도량형을 통일하는 등 중국 역사에서 가장 큰 발자취를 남긴 인물입니다. 그러나 엄청난 권력을 가지고 중국 대륙을 호령하면서도 죽음만은 두려워했습니다. 늙는 것을 두려워한 진시황은 중국 전역은 물론 다른 나라로도 신하들을 보내 불로장생의 약을 구해오게 했습니다. 하지만 그 계획이 실패하자 자신이 묻힐 거대한 무덤을 건설하도록 했습니다. 죽어서도 영원히 권력을 누릴 수 있도록 살아 있을 때 모습 그대로를 무덤 속에 재현한 것이었습니다.

헨리 테이트 백작은 화가 필즈에게 "살아오면서 가장 감동적인 순간을 그려 달라"며 그림을 의뢰했습니다. 그는 수년 전 크리스

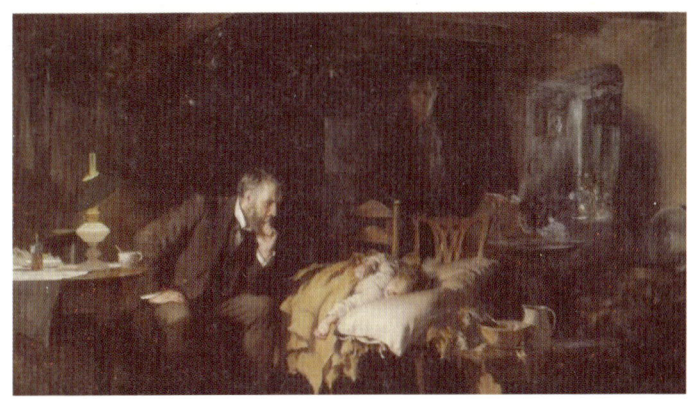

'의사'(The Doctor), 필즈(Luke Fildes, 1891)

마스 전날 세상을 떠난 아들을 떠올리면서, 당시 왕진 왔던 의사를 그렸습니다. 1891년경에 발표된 '의사'라는 작품입니다. 창문을 통해 밖에 동이 터 오는 것을 알 수 있는데, 등잔불 앞에는 고열과 호흡곤란으로 신음하는 서너 살짜리 어린아이 앞에서 턱을 괴고 있는 의사의 모습이 보입니다. 이 그림은 죽음 앞에서 더 이상 아무것도 할 수 없는 인간의 무력감을 그대로 보여줍니다.

2. 삶과 죽음의 경계에서

인간은 죽음 앞에서 무력감과 불안감, 두려움에 빠집니다. 그래서 그것을 극복하려고 다양한 시도들을 해왔습니다. 그 결과의 하나로 오늘날 다양한 의학적인 시술로 생명을 연장할 수 있게 되었습니다. 뇌를 제외하고는 심장을 비롯한 많은 장기의 기능을 기계가 대신할 수 있게 되었습니다. 이처럼 오늘날의 의학 발달은 인위적으로 생명을 연장할 수 있는 수준에까지 이르렀는데, 생명유지 장치를 통해서 그것이 가능합니다.

생명유지를 위해 많이 시행하는 '심폐소생술'은 심장 박동이 멈추고 호흡이 멎었을 때 가슴을 반복적으로 누르고 입으로 공기를 불어 넣는 방식입니다. 부작용으로는 갈비뼈가 부러지는 경우, 심장과 폐의 손상과 기흉이 생길 수도 있습니다.

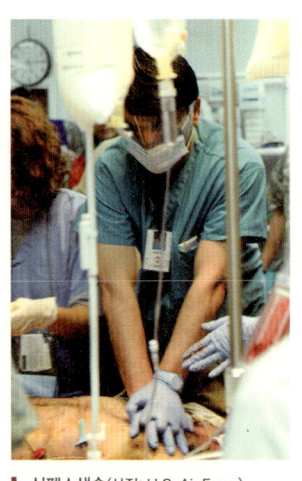
심폐소생술(사진: U.S. Air Force)

생명유지 장치로 '기도 내 삽관'은 기도에 공기를 불어 넣기 위해 강철로 된 기구를 이용해 플라스틱 튜브를 기도로 삽입하는 것입니다. 부작용으로는 튜브를 삽입하는 과정에서 치아 손상, 인두나 성대에 상처 유발, 무엇보다도 말을 할 수 없게 될 수도 있으며, 장기화될 경우 기도가 붓거나 썩게 되어, 목에

구멍을 뚫는 기관 절개술로 전환해야 합니다.

'제세동기'는 심장 박동이 불규칙할 때 전기충격을 줘서 정상으로 되돌리는 응급치료 기계로 부작용으로는 피부 화상, 감전사고 가능성이 있습니다. '인공호흡기 부착'은 기도에 삽입한 플라스틱 튜브로 폐에 일정하게 산소를 불어 넣어 주기 위한 것으로, 부작용은 기도 내 삽관의 부작용과 동일합니다.

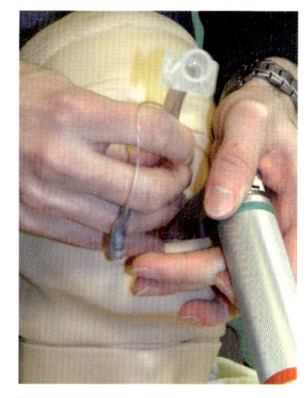
기도 내 삽관(Intubation, 사진: Pöllö)

이러한 의료장비들은 수명을 계속해서 유지하기 위해 사용합니다. 그 결과 불과 100년 전에 의학이 죽음을 앞둔 사람에게 실제로 해줄 수 있는 것이 거의 없었던 상황과는 전혀 다른 상황으로 전개되게 만들었습니다. 그런데 생명유지 장치를 통해 생명을 이어가는 것은 환자에게는 상상할 수 없는 고통이라는 것도 생각해야 합

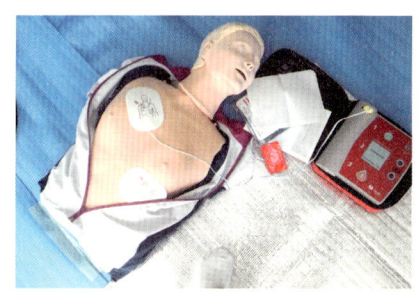
제세동기(defibrillator)

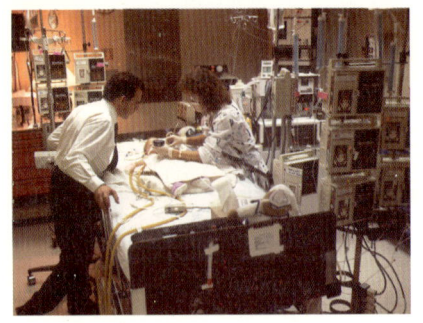
중환자실 모습(사진: National Cancer Institute)

니다. 중환자실의 모습을 보셨을 것입니다. 아무런 의식이 없어 보이는 환자들이 각종 장비를 몸에 꽂고 있는 모습 말입니다.

로데 박사(J. J. Rohde)는 현대 병원에서의 환자의 비인간화에 대해 다음 네 가지를 말합니다. 첫째, 신체적 격리입니다. 환자는 평소 그가 살고 있던 삶의 환경에서 신체적으로 격리됩니다. 둘째, 사회적 격리입니다. 환자는 평소에 관계를 맺고 있던 사람들과 사회적 관계에서 병실로 격리됩니다. 셋째, 사회적 위치의 상실입니다. 환자의 모든 행동과 신체적 활동들이 병원 종사자들에 의하여 관측됩니다. 넷째, 인격적 격리입니다. 환자는 그 자신의 인격적 특징들, 자신의 의지를 포기하고, 기능과 효율성을 위주로 하는 병원의 규칙들과 작업 과정에 복종해야 합니다. 병원 종사자들의 의지와 행동에 자신을 맡겨야 하며, 환자로서의 수동적 역할을 견뎌야 합니다. 그리고 수동적으로 병원의 체제에 복종할 때 '착한 환자', '좋은 환자'가 됩니다.

『말기 환자를 위한 호스피스』(오상출판사, 1994)를 저술한 가시와

키 데쯔오는 일본 대학병원의 간호사들을 대상으로 어디에서 임종하기를 원하는가를 조사했습니다. 그런데 놀랍게도 간호사들은 병원에서 임종하기를 원치 않는다고 답변했습니다. 현대 병원에서의 환자에 대한 비인간화에 대해 가장 잘 알기 때문이 아닐까 싶습니다. 병원에서 맞이하는 죽음의 고통스러움의 일면을 보여줍니다.

2008년 국립암센터의 조사는 죽음을 앞둔 말기 상황의 환자와 보호자의 상반된 태도를 보여줍니다. "질병 말기 상황에 대해서 환자가 알아야 한다"는 질문에 91.8%가 그렇다고 응답했다고 합니다. 반면 "자신이 말기 상태임을 알고 있는 환자는 얼마입니까?"라는 질문에 26%만 알고 있다고 대답했습니다. 우리나라 말기 암 환자는 상당수가 자기가 말기 암인 줄도 모른 채 앓다가 죽는다고 합니다. 요즘은 의학이 발달해 암 3-4기에도 낫는 사람이 상당히 있지만, 말기 암은 이 단계를 훌쩍 지나 수술도, 항암 치료도 소용이 없는 단계입니다. 남은 생명은 약 2개월 안팎으로, 이 시기를 놓치면 지난날을 정리하고 가족과 차분히 이야기할 기회가 다시없습니다. 그럼에도 자신이 말기 암임을 알지 못하고 죽음에 이릅니다.

서울대 의대가 여론 조사 기관 월드리서치와 함께 40세 이상 한국인 500명에게 물었습니다. "여러분이 말기 암 상태가 된다면, 누가 말해 주기를 바라십니까?" 이 질문에 '의료진이 직접 말해 줘야 한다'가 79.2%, '가족이 대신 듣고 말해 줘야 한다'가 15.8%로 나왔습니다. 그리고 이어서 "가족이 말기 암 상태가 된다면, 누가 말해 주길 바라십니까?"에도 '의료진이 직접'이 73.8%, '가족이 대신'이 22.5%였습니다. 이 통계에서 보듯 환자들은 의사가, 곧 전문가가 자신의 상태에 대해 말해 주길 원합니다. 그러나 환자가 충격을 받을까 봐 의사는 본인 말고 가족에게만 환자 상태를 말해 줍니다. 가족은 환자에게 차마 그 얘기를 못 전하고, 도리어 의사에게 뭐든 계속해 달라고 매달리거나 의사가 죽음에 대해 말해 주기를 바랍니다. 그런 상황에서 의사는 최선을 다해 달라는 사람에게 항암제가 득이 안 된다고 설득하는 게 참 힘들다고 말합니다. 그 결과 말기 암 환자가 자기가 말기 암인 줄도 모른 채 앓다가 죽는 일이 생겨나고 있습니다.

3. 좋은 죽음과 죽음의 질

2010년 영국 경제지 이코노미스트가 국가별 '죽음의 질'에 대해 조사한 것에서 한국은 낮은 점수를 받았다는 발표가 있었습니다. 한국은 OECD 40개국 중에서 32위였다고 합니다. 영국은 5년 여에 걸쳐서 '좋은 죽음'(Good Death)이라는 개념을 만들어 얼마나 아프지 않고 편안하게 세상을 떠나느냐에 대해 연구했고 그 결과 마지막 10년의 삶의 질에서 1위를 차지했습니다. 영국은 호스피스 예산의 66%가 기부라고 합니다. 왕실, 정부, 민간단체가 '편안한 죽음'에 대해 준비하고 국민의 공감대를 얻은 것입니다. 영국이 죽음의 질 1위가 된 배경에는 의료 인프라, 정책, 사회 인식의 세 박자 위에서 이루어진 것이라고 전문가들은 분석합니다.

아시아에서 죽음의 질 1위 국가는 타이완인데, 1990년 첫 호스피스 병원이 생긴 뒤로 현재 타이완 전역에 호스피스 시설은 51개, 가정에 파견 가능한 호스피스 팀은 80개에 이른다고 합니다. 특히 죽음이란 누구에게나 찾아오는 것이고 스스로 준비할 것을 교육하는데, 초등학교와 중학교에서 삶과 죽음을 주제로 수업을 연다고 합니다. 호스피스 병원 의사 팡준카이는 인터뷰에서 이렇게 말합니다.

"호스피스 서비스 이전에는 사람들이 죽음을 두려운 일로만 여겨 왔습니다. 호스피스 서비스가 시작된 이후 사람들은 죽음에 대해 이야기하고 직면할 수 있게 됐죠. 스스로 생애 마지막을 미리 준비할 수 있게 됐습니다. 이게 가장 큰 변화라고 생각합니다."[1]

이처럼 최근에는 죽음의 질에 대해 관심을 가지고 '존엄한 죽음', '품위 있는 죽음'에 대한 것이 논의되고 있습니다. 우리나라에서도 국회 보건복지위원회에서 '호스피스 완화의료 체계 정립을 위한 국가 정책 방향'이란 주제의 토론회를 통해 말기 암 환자의 현실과 호스피스 완화의료의 필요성에 대한 정부 차원의 지원을 논의했습니다. 이것도 존엄한 죽음에 대한 논의의 한 예입니다. 영국은 '좋은 죽음'의 조건으로 다음의 것을 꼽습니다. 첫째는 익숙한 환경에서, 둘째는 존엄과 존경을 유지한 채, 셋째는 가족 친구와 함께, 넷째는 고통 없이 죽어가는 것입니다.

존엄한 죽음에 대한 논의가 본격적으로 시작된 것은 1975년 미국에서 카렌 앤 퀸란(Karen Ann Qwinlan, 당시 21세·여) 사건이었습니다. 그녀는 생일파티에 참석했다가 술과 약물중독으로 호흡 정지 상태에 이른 뒤 혼수상태에 빠졌습니다. 퀸란의 아버지는 의사로부터 회복 가능성이 없다는 소식을 듣고 생명유지 장치를 떼어달라는 부탁을 했지만, 병원으로부터 거부당했습니다. 퀸란의 아버지는 생명유지 장치 제거 권리를 자신에게 달라는 소송에 들어갔고, 주 대법원은 1976년 아버지의 주장을 인정했습니다. 국내 죽음학 연구의 권위자로 한국죽음학회장을 맡았던 이화여대 최준식 교수는 품위 있는 죽음에 대해 이렇게 설명합니다. "품위 있는 죽음이란 편안한 마음 상태에서 죽음을 맞이하는 것, 가족에게 부담을 주지 않는 것, 소중한 사람과 함께하다 가는 것, 주변 정리를 잘해 놓고 가는 것입니다."

교회 역사에는 '좋은 죽음 전통'이라는 것이 있습니다. 죽음을 앞둔 성도가 있으면 그 자리에 가족과 친구들이 모여 사랑하는 사람의 죽음을 기록으로 남기고, 그 자리에 함께하지 못한 공동체 일원에게 그가 한 이야기를 들려줬습니다. 설교자는 임종을 기회 삼아 회중에게 죽음의 근원이 죄이며, 예수 그리스도 안에서 영생을 얻어 죽음의 문제를 해결할 것을 상기시켰습니다. 이와 같은 교회의 전통은 죽은 사람들도 영원히 교회의 일부라는 사실을 가르쳐주었고, 교회는 안식일마다 회중석에 앉아 있는 교인들뿐 아니라, 부활을 기다리며 무덤에 누워 있는 신자들도 교회의 구성원으로 보았습니다. 죽은 성도의 시신을 교회 건물 옆에 마련한 묘지, 또는 건물 지하나 벽 속에 매장하는 것도 사실 '성도의 교제'가 식탁 교제나 소그룹 모임 이상을 의미하는 것임을 보여주는 것이었습니다. 신학자 테레스 리사트는 이렇게 말했습니다.

"그리스도인들은 홀로 죽지 않는다. 오히려 기독교 전통에서 죽음은 공동체가 지속해서 함께하는 경험이다. 이런 의식들을 통해 산 사람들이 죽은 사람들을 기억하고 함께해 주고 돌보는 세상이 구체적으로 형성된다. 교회는 반복되는 의식과 관습을 통해 죽음을 앞둔 사람들을 매장한 이후에도 그들과 지속적인 관계를 유지한다. 그리스도인들은 죽음이 고독한 사건이라는 현대의 시각에 반대한다."[2]

4. 자연사와 존엄사, 그리고 안락사

죽음과 관련된 여러 개념들이 있는데, 그 차이를 구별할 필요가 있습니다. '자연사'와 '존엄사'가 있는데, 특히 '존엄사'는 '안락사'와는 다른 개념으로 법적으로 다르게 분류됩니다. 안락사에는 '자의적 적극적 안락사', '반자의적 적극적 안락사', '비자의적 적극적 안락사', '소극적 안락사' 그리고 '의사조력자살'이 있습니다.[3]

'자의적 적극적 안락사'(Voluntary Active Euthanasia)는 의도적으로 약물이나 기타 처치로 회복 불가능한 환자를 죽음에 이르게 하는 행위로, 환자와의 사전 동의(합의)에 의해 이루어집니다. '반(反)자의적 적극적 안락사'(Involuntary Active Euthanasia)는 의식 있는 환자의 동의 없이 의도적으로 약물이나 기타의 처치로 회복 불가능한 환자를 죽음에 이르게 하는 행위로 환자의 사전 요청이 없는 경우입니다. 이 경우는 세계 모든 국가에서 불법으로 규정합니다.

'비(非)자의적 적극적 안락사'(Non-voluntary Active Euthanasia)는 환자의 '사전 동의'가 불가능한 상태에서 의도적으로 약물이나 기타의 처치로 회복 불가능한 환자를 죽음에 이르게 하는 행위입니다. 예를 들어 환자가 의식불명 상태일 때 같은 경우입니다. '소극적 안락사'(Passive Euthanasia)는 환자(가족) 동의하에 회복 불가능한 환자에게 무의미한 연명 치료와 영양공급을 중단(보류)하고 완화 의료(통증 관리 등) 시술로 환자가 '자연사'의 죽음을 맞게 하는 것으로 세계 여러 국가에서 허용되고 있습니다. 그리고 '의사조력자살'(Physician Assisted Suicide)은 환자가 자신의 생명을 끊는 데 필요한 수단이나 그것에 관한 정보를 의사가 회복 불가능한 환자에게 제공함으로써 환자 스스로의 행위로 죽음을 앞당기게 하는 것입니다.

반면에 종종 안락사와 혼동되어 사용되는 존엄사를 가리키는 공식적인 용어는 '말기 환자의 무의미한 연명 치료의 중단'입니다. 존엄사는 말기 환자가 돌이킬 수 없는 죽음에 다다랐을 때 생명을 연장하거나 환자의 삶의 질을 높이는 데 의학적인 행위가 의미 없다고 판단되는 경우 연명적 의료행위를 중단하는 것입니다. 인간적 삶을 살 수 있도록 의학적 치료를 다 했음에도 불구하고 돌이킬 수 없는 죽음이 임박했을 때 의학적으로 무의미한 연명의료를 중단함으로써 질병으로 인한 자연적인 죽음을 받아들이는 것입니다. 이것은 인간으로서 지녀야 할 최소한의 품위와 존엄성을 지키면서 죽음을 맞이하도록 하기 위해서입니다. 간단히 말해 안락사와 존엄사의 차이는 인위성의 여부에 달려 있습니다. 곧 '소극적 안락사'가 환자의 생명유지에 필수적인 영양공급을 중단하는 반면, '존엄사'는 영양공급은 유지하면서 환자가 자연사하도록 유도하는 것입니다.

5. 존엄한 죽음을 위한 준비

일본의 '존엄한 죽음을 실천하는 모임'에서 제안하는 인간의 존엄성을 유지하면서 죽을 권리에 공감하여 입회하는 사람들은 다음의 선언문을 함께 공유합니다. '존엄한 죽음을 위한 선언서'(Living Will)라고 하는데, 알폰스 디켄 박사도 참여했고, 『죽음을 어떻게 맞이할 것인가』(궁리, 2002)에서 그 내용을 소개합니다.[4]

"저는 제가 병에 걸려 치료가 불가능하고 죽음이 임박할 경우를 대비하여 우리 가족, 친척, 그리고 저의 치료를 맡은 분들께 다음

같은 저의 희망을 밝혀두고자 합니다. 이 선언서는 저의 정신이 아직 온전한 상태에 있을 때 적어놓은 것입니다. 따라서 저의 정신이 온전할 때에는 이 선언서를 파기할 수도 있겠지만, 철회하겠다는 문서를 재차 작성하지 않는 한 유효합니다.

- 저의 병이 현대의학으로 치료할 수 없고 곧 죽음이 임박하리라는 진단을 받은 경우, 죽는 시간을 뒤로 미루기 위한 연명 조치는 일절 거부합니다.
- 다만 그런 경우 저의 고통을 완화하려는 조치는 최대한 취해 주시기 바랍니다. 이로 인한 부작용으로 죽음을 일찍 맞는다 해도 상관없습니다.
- 제가 몇 개월 이상 의식불명의 혼수상태에 빠졌을 때는 생명을 인위적으로 유지하기 위한 연명 조치를 중단해 주시기 바랍니다. 이와 같은 저의 선언서를 통해 제가 바라는 사항을 충실하게 실행해 주신 분들께 깊은 감사를 드립니다. 아울러 저의 요청에 따라 진행된 모든 행위의 책임은 저 자신에게 있음을 분명히 밝히고자 합니다."

'웰다잉 법'으로 불리는 '호스피스·완화의료 및 임종 과정에 있는 환자의 연명의료 결정에 관한 법'이 2018년 2월 4일 시행을 앞두고 있습니다. 이것은 회생 가능성이 없는 환자가 자신의 결정이나 가족의 동의에 따라 연명 치료를 거부할 수 있도록 하는 법으로 미국(1976년), 대만(2000년), 영국(2005년) 등에서 이미 시행되고 있습니다. 핵심은 존엄한 죽음에 대해 본인이 의사결정을 할 수 있도록 한 것인데, 대법원은 지난 2009년 '세브란스병원 김 할머니 사건'의 판결을 통해 더 이상 회복이 불가능한 질병의 말기나 노령에 이르렀을 때 치료의 지속 여부 및 치료 내용을 최종적으로 결정할 수 있는 사람은 바로 환자 본인이라고 판시했습니다. 그러나 사람이 죽음에 다다른 단계에서는 의식이 없거나 약물치료 등으로 혼미한 상태가 되어 자신의 의사를 분명히 표현하기 어려운 상황에 놓이므로 누구나 맞이하게 될 마지막 단계의 의료적 처치에 대해 자신의 생각을 미리 밝혀놓는 것이 당사자의 고통은 물론 치료를 주관하는 의사, 그리고 사랑하는 가족에게 큰 도움이 됩니다. 그래서 미리 작성하는 것이 '사전연명의료의향서'입니다.

2019년 2월부터 연명의료결정법이 시행되는데, '사전연명의료의향서'는 건강할 때 미리 작성해 정부가 지정한 사전연명의료의향서 등록기관에 등록해 두면, 전문의 2인이 죽음이 임박한 임종 과정에 있는 환자라는 의학적 판단을 내렸을 때 무의미한 연명의료를 거부할 수 있습니다. 이것은 작성과 더불어 자신의 의사를 평

사전연명의료의향서 서식[5]

시에 가족에게 분명히 밝혀두는 것이 중요합니다. 사전연명의료의향서를 쓰지 않고 중증 질환으로 입원한 경우에는 환자가 담당 의사에게 '연명의료계획서'를 작성해 달라고 요청할 수 있고, 이 서류를 의사가 환자에게 설명하고 환자의 확인을 받아 작성하면 '사전연명의료의향서'와 같은 법적 효력을 가집니다. '사전연명의료의향서'는 '무의미한 연명 치료의 중지'(생명유지 장치, 통증 조절 조치, 인위적인 영양공급), '적용 시기'(뇌 기능의 심각한 장애, 질병 말기, 노화로 인해 죽음 임박), '작성자 서명' 등으로 구성됩니다.

6. 존엄한 죽음을 위한 실제 - 호스피스

서울대학교 의과대학 윤영호 교수는 2012년 6월 전국 만 20-69세 성인 남녀 1,000명을 대상으로 한 '웰다잉에 대한 대 국민 인식 조사'에서 품위 있는 죽음의 조건에 대해 대국민 조사를 시행했습니다. '품위 있는 죽음의 조건'에 중요한 요소가 무엇이냐는 질문에, '다른 사람에게 부담을 주지 않는 것'(36.7%)과 '가족이나 의미 있는 사람과 함께 있는 것'(30%)이 꼽혔습니다. KBS '생로병사의 비밀'에서 같은 질문을 했을 때, '사랑하는 사람과 함께 있는 것', '주변 정리', '다른 사람에게 부담을 주지 않는 것', '통증으로부터의 해방' 등의 응답이 있었습니다. 이런 측면에서 호스피스는 존엄한 죽음의 중요한 대안이 되고 있습니다.

'호스피스'(Hospice)란 단어의 어원은 4세기경 로마에서 처음 사용된 것으로 라틴어 'hospitium'에서 기원합니다. 'hospital', 'hostel', 'motel' 등이 모두 같은 어원을 가지는데, 이는 '쉬어갈 편안한 장소'를 의미합니다. 중세기에 호스피스는 '성지 순례자들이 하룻밤을 쉬어 가는 곳'이라는 의미가 있었고, 예루살렘 성지 탈환을 위한 십자군 전쟁 당시 많은 부상자를 호스피스에 수용하여 수녀들이 치료하였고, 이곳에서 부상자가 임종하게 되면서 호스피스는 '임종을 앞둔 사람 들의 안식처'라는 의미 로 사용되었습니다. 근 대에 호스피스는 임종 을 삶의 자연스러운 과 정으로 받아들이고 환

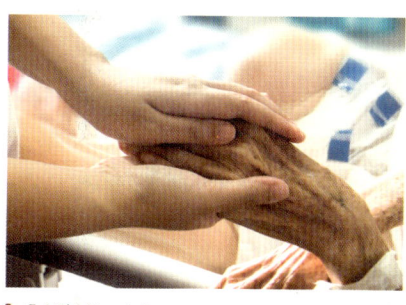
호스피스(Hospice)

자가 남은 생애 동안 인간다운 삶을 유지하며 마지막 순간을 편안하게 맞이해 생을 마칠 수 있도록 돕는 의미와 환자나 가족을 보살피는 일, 그리고 집, 프로그램 등의 여러 가지 의미를 포함하고 있습니다. 호스피스에서는 안녕(well-being sense), 통증(pain), 수면(sleep) 3가지를 가장 중요하게 생각합니다. 그리고 호스피스의 역할은 크게 세 부분으로 이루어집니다. 하나는 의료적인 접근, 둘째는 사회적인 돌봄, 셋째는 영적인 돌봄입니다. 이 세 부분이 균형을 이뤄야 제대로 된 호스피스라 말할 수 있습니다.[6]

호스피스는 1815년 아일랜드의 더블린에서 채리티 수녀회의 수녀들이 거리에서 죽어가는 가난한 환자들을 데려다가 임종 준비를 시킨 데서 유래하고, 1967년 시스리 손더스(Cicely Saunders)에 의해 영국 런던 교외에 세워진 성 크리스토퍼 호스피스가 현대적 의미에서의 호스피스의 효시가 됩니다. 그 이후에 호스피스는 세계

적으로 보급되는데, 한국에서는 1978년에 강릉의 갈바리병원에서 호스피스 활동을 시작한 것이 최초이며, 1982년에 서울의 강남성모병원을 중심으로 본격화되어 여러 병원과 교회 계통에서 실시되고 있습니다.[7]

현대적 의미의 호스피스 개념을 주장한 영국의 여의사 시슬리 손더스는 "오늘날 호스피스는 불치병을 앓고 있는 환자뿐만 아니라 임종이 가까운 환자를 위해 보다 나은 삶의 질을 제공하려는 목적으로 이루어진 돌봄의 공동체이며, 관심의 초점은 환자와 그 가족에게 둔다."라고 했습니다. 그녀는 1935년 성누가병원에서 임종자에게 사용했던 약물에서 새로운 면을 발견했습니다. 즉 약물로 환자의 신체적, 정신적 통증이 완화될 때 상대적으로 편안하게 지낼 수 있으며 죽는 날까지도 분명한 의식으로 남은 생을 보낼 수 있다는 것입니다. 그때부터 병원에서는 진통제를 정규적으로 제공하는 치료법을 시행하였고, 이것을 현대 호스피스의 통증 조절 지침의 기초로 삼았습니다. 그녀는 이렇게 말했습니다. "나는 세계를 바꾸려 하지 않았다. 고통을 덜어줄 뭔가를 하려 했을 뿐이다. 고통이란 단지 육체적인 것이 아니라, 심리적이고 정신적인 것이었다."

7. 주님과 함께함의 믿음

하버드 의대 교수 아툴 가완디(Gawande)는 『어떻게 죽을 것인가』(*Being Mortal*)에서 무의미하고 고통스러운 연명 치료에 매달리기보다 삶의 마지막 순간을 어떻게 살아갈 것인지를 물어보라고 주문합니다. 오늘날 기술 사회가 죽음에 대해 어떤 잘못된 태도와 방식을 보여 왔는지 지적하며 이렇게 말합니다.[8]

"이른바 기술 사회가 되면서 우리는 학자들이 '죽은 자의 역할'이라고 부르는 개념을 잊고 말았다. 그것이 삶의 마지막을 향해 가는 시점에서 사람들에게 얼마나 중요한지를 잊어버린 것이다. 사람들은 추억을 나누고, 애정이 담긴 물건과 지혜를 물려주고, 관계를 회복하고, 이 세상에 무엇을 남길지 결정하고, 신과 화해하고, 남겨질 사람들이 괜찮으리라는 걸 확실히 해두고 싶어 한다. 자신의 이야기를 자기가 원하는 방식으로 마치고 싶은 것이다."

▌ 아툴 가완디(Atul Gawande, A), 『어떻게 죽을 것인가』(*Being Mortal*), 부키(2015)

우리의 생명의 연한은 하나님이 정해 주시는 것이므로 그 연한에 대해 자연스럽게 받아들이는 것이 중요합니다. 자신의 죽음을 직면한 그리스도인도 마음의 불안과 떨림을 부인할 필요는 없습니다. 그러나 그것이 삶의 시간의 끝남과 모든 사랑하는 이들과의 이별인 동시에 그리스도의 교통 안으로 들어감을 의미함을 기억해야 합니다. 거기에는 죽음으로부터의 부활과 영원한 생명이 기다리고 있습니다. 죽음으로 끝나는 것이 아니라, 그리스도의 교통 안에 있는 안식과 모든 죽은 자들의 부활과 영원한 생명으로 이어집니다. 하나님은 그들과 함께 계시며, 그들의 존재를 그의 영원한 품 안으로 받아들이십니다. 그리스도인은 이것을 십자가에 달린 예수님의 죽음을 통해 볼 수 있습니다.

기독 지성인의 대표로 불리는 프란시스 쉐퍼는 부인 이디스 쉐퍼와 1955년 스위스의 알프스 산골 마을에 '라브리'(L'Abri, 피난처)란 기독교 공동체를 세웠습니다. 누구든 찾아와 인생의 고민과 신앙의 문제를 나눌 수 있는 라브리 공동체는 이후 한국을 포함해 11개국으로 확산됐습니다. 프란시스 쉐퍼가 병원에 입원해 어떠한 희망도 보이지 않던 상황에서 의료진들이 집중치료를 받기 원하느냐며, "만일 그가 기계장치의 도움을 얻어 생명을 유지하는 한은 우리는 절대로 그 기계를 끄지 않을 것입니다. 우리는 당신이 어떤 생각을 하고 있는지 알고 싶습니다."라고 물었습니다. 이 질문에 그의 부인 이디스 쉐퍼는 남편과의 평소의 대화에서 알고 있던 의사를 바탕으로 집으로 데려갈 것을 결정합니다. 그녀는 이렇게 말했습니다. "내 남편의 육신이 떠날 때, 나는 그가 주님과 함께 있게 될 것이라는 것을 믿어요. 그가 주님과 함께 있게 될 때까지는 그가 나를 떠나지 않기를 바라요. 그렇기 때문에 나는 그가 집에 가기를 원하고 그가 떠날 때까지 그곳에서 머물고 싶어 한다고 확신해요." 그렇게 집으로 돌아왔고, 이디스는 그의 침대 주위를 그가 사랑하는 것들로 꾸며주었고 그의 방에 음악을 틀어주었습니다. 프란시스는 그로부터 10일 후 평안한 가운데 숨을 거두었습니다. 이디스 쉐퍼의 말입니다.

> "단지 생명을 연장시키는 것이 문제가 되는 것은 아니에요. 그에게는 때가 이르렀어요. 기계장치를 사용한다는 것은 결코 자연스러운 방법이 될 수 없어요. 물론 사람마다 생각이 다르겠지요. 우리에게는 큰 지혜가 필요하다고 생각해요. … 우리는 그가 좋아하는 음악인 베토벤, 바흐, 슈베르트, 그리고 헨델의 음악을 차례대로 들었어요. 그로부터 10일 후, 1984년 5월 15일, 헨델의 음악이 흐르고 있는 가운데 프란시스는 그의 마지막 숨을 거두었어요."[9]

미주

1) YTN 뉴스(2017. 6. 11)
2) 랍 몰,『죽음을 배우다』, IVP(2013), p. 235.
3) 김건열 외 2인 공저.『의사들, 죽음을 말하다: 죽음 준비를 위한 세 의사들의 대담』, pp. 54-55 재인용. 세계공용 '내과학' 교과서인 해리슨 내과학과 세실 내과학, 2008년판.
4) 알폰스 디켄,『죽음을 어떻게 맞이할 것인가』, 궁리(2002), pp. 96-97.
5) 호스피스·완화의료 및 임종 과정에 있는 환자의 연명의료결정에 한 법률 시행 규칙-별지 제6호서식.
6) KBS생로병사의 비밀 팀,『오늘이 내 인생의 마지막 날이라면』, 애플북스(2014), p. 108.
7) 장경철 외,『죽음과 종교』, 두란노(2014), p. 92.
8) 아툴 가완디,『어떻게 죽을 것인가』, 부키(2015), p. 380.
9) 빌리 그레이엄,『죽음이란 무엇인가』, 크리스찬다이제스트(2003), pp. 134-135.

04

준비하는 죽음
- Memento Mori(죽음을 기억하라)

행복
웰다잉 *Well-Dying* 에서
배우다

· 04 ·

준비하는 죽음
− Memento Mori(죽음을 기억하라)

　삶을 사는 중에 순간마다 미리 준비하고 공부해야 할 일들이 많이 있습니다. 그중 하나는 바로 죽음을 공부하고 준비하는 것입니다. 왜냐하면 죽음을 준비하는 사람에게는 죽음이 '맞이하는 죽음'이 되지만 준비하지 못하는 사람에게 죽음은 '당하는 죽음'이 되기 때문입니다. 죽음에 대한 준비는 나 자신을 위한 것이기도 하지만, 사랑하는 가족을 위한 일이기도 합니다. '맞이하는 죽음'이냐 '당하는 죽음'이냐의 차이는 엄청납니다.

1. 맞이하는 죽음

일본 영화 '엔딩 노트'(Ending Note)에서 주인공 '스나다 도모아키'는 건강검진에서 말기 암 판정을 받습니다. 그런데 그는 예상치 못한 죽음 앞에 망연자실 슬퍼하기보다 성실하고 꼼꼼하게 자신만의 '엔딩 노트'를 준비합니다. 그 내용은, ① 평생 믿지 않았던 신을 한번 믿어보기, ② 손녀들 머슴 노릇 실컷 해주기, ③ 평생 찍어주지 않았던 야당에 투표하기, ④ 꼼꼼하게 장례식 초청자 명단 작성하기, ⑤ 소홀했던 가족과 행복한 여행하기, ⑥ 빈틈이 없는지 장례식장 사전 답사하기, ⑦ 손녀들과 한 번 더 힘껏 놀기, ⑧ 나를 닮아 꼼꼼한 아들에게 인수인계하기, ⑨ 이왕 믿은 신에게 세례받기, ⑩ 쑥스럽지만 아내에게 사랑한다 말하기, ⑪ 엔딩 노트 작성하기입니다. 이렇게 그는 솔직한 마음을 담은 리스트를 작성하고 가족들과의 추억을 만들어 갑니다. 그리고 그중 제일 마지막

'단테의 장례식'(Dante's Funeral), 카를로 워스트리(Carlo Wostry, 1921)

11번째는 자신의 장례 준비에 대한 것이었습니다.

정신의학자이자 호스피스 운동의 선구자로 인간의 죽음에 대해 평생 연구한 엘리자베스 퀴블러 로스(Elizabeth Kübler Ross)는 타임스지가 선정한 '20세기 100대 사상가' 중의 한 사람입니다. 그녀가 2004년 8월 24일 세상을 떠났을 때, 그녀의 연구 동역자로 그녀와 마지막을 함께했던 데이비드 케슬러는 그 시간이 밤 8시 11분임을 시계로 확인하고 기록을 했습니다. 그렇게라도 하지 않으면 그녀의 죽음을 믿을 수 없었기 때문이라고 합니다. 그녀는 퀴블러 로스가 항상 했던 말을 이렇게 전했습니다. "육체로부터 해방되어 이 생애를 졸업하는 날, 난 은하수로 춤추러 갈 거예요. 그러니 그 날은 축하를 받아야 할 날이지요."

퀴블러 로스는 특별한 장례식을 준비했습니다. 그녀의 두 자녀가 관 앞에서 작은 상자를 열었습니다. 상자 안에서는 한 마리의 호랑나비가 날아올랐고, 동시에 조문객들이 미리 받은 종이봉투에서도 수많은 나비가 일제히 날개를 펄럭이며 파란 하늘로 날아올랐습니다. 그녀가 이러한 장례식을 생각하게 된 것은 소년 시절 자원봉사자로 폴란드 마이다네크의 유대인 수용소를 방문했을 때 특별한 경험이 있었기 때문입니다. 수용소 내부 벽에는 곳곳에 손톱이나 돌 조각으로 새긴 나비 그림이 그려져 있었습니다. 그녀는 왜

나비 그림이 그려져 있는지 무척 궁금했는데, 수수께끼가 풀린 것은 그로부터 20년이 흘러 스위스대학에서 의학을 공부하고 뉴욕과 시카고 병원에서 호스피스 활동을 하며 환자들을 돌보면서였습니다. 그녀는 인간의 몸은 나비가 날아오르기 전의 번데기처럼 영혼을 감싸고 있는 허물임을 확신하기에 이르게 됩니다. 그리고 수용소에서 죽음을 눈앞에 둔 사람들이 영생을 알고 있었기에 나비를 그렸음을 깨닫게 되었습니다. 그래서 그것을 생각하며 특별한 장례식을 준비했던 것이었습니다.

그녀가 자신의 장례식을 준비하며 전해 주고자 했던 메시지는 무엇이었을지 생각해 보게 됩니다. 여러분은 장례식을 스스로 준비해 본다면 어떤 것들을 준비하시겠습니까? 사랑하는 이들에게 남겨주기 원하는 삶의 유산은 무엇입니까?

2. 죽음의 현장에서 삶을 생각하기

장례지도사라는 직업이 있습니다. 장례의식을 총괄적으로 운영하는 전문 인력으로 장례 상담, 시신관리, 의례지도, 장례 행정관리 등의 일을 담당합니다. KBS '강연 100도'에 소개되었던 우리나라 최초의 여자 장례지도사 1호인 심은이 씨는 장례지도사 일을 한다

▎ '나는 부활이요 생명이다'(I am the Resurrection and the Life), 프란시스 홀(Francis Holl, 1872)

고 할 때 미쳤다는 말을 들었다고 합니다. 그러나 그는 이 일이 자신이 할 수 있는 일이라 생각되었고, 이 일이 아름다울 것이라는 믿음이 들어 주저 없이 시작했다고 합니다. 때로 여성이라 거부당하기도 했지만, 정성을 다해서 장례를 진행하는 중에 많은 것을 깨닫게 되었습니다. 그녀는 이렇게 말합니다. "고인을 하나, 둘 보내드리면서 그 시간에 다다르면 아무것도 남지 않음을 보게 됩니다. 그럴 때마다 생각합니다. 오늘 하루 최선을 다하고 찌꺼기 없는 마음으로 살자고요."

일본 영화 '굿바이'(Good&Bye)에서 다이고는 인생의 마지막 여행을 떠나는 사람을 배웅하는 일을 돕는 납관 일을 전문적으로 하는 사람입니다. 그런데 그의 전직은 첼리스트였습니다. 어느 날 소속 오케스트라의 갑작스러운 해체로 새로운 직업을 구하던 그는 우연히 '연령 무관! 고수익 보장!'이라는 파격적인 조건의 여행 가이드 구인광고를 발견합니다. 그런데 이 여행 가이드는 인생의 마지막 여행을 떠나는 사람을 배웅하는 일이었습니다. 그는 초보 납관 도우미가 되어 선배 이쿠에이가 정성스레 일하는 모습에 크게 감동을 하고 이 일에 깊이 몰입하게 됩니다. 그는 이런 말을 합니다. "차갑게 식은 사람을 치장하여 영원한 아름다움을 주는 행위, 그것은 냉정하면서도 정확하고 동시에 따뜻함과 애정이 넘치는 행위이다. 고요와 평온 속에 이루어진 모든 손놀림이 매우 아름답게 보였다." 다이고는 일본인들이 거부감을 가지던 이 일을 정성을 다해서 하는 중 유가족들에게 큰 위로를 전하게 되고 아버지와의 관계도 새롭게 회복하게 되는 경험을 하게 됩니다.

운구하는 장면

한국 영화 '내 사랑 내 곁에'에서 이지수는 여성 장례지도사로 등장합니다. 몸이 조금씩 마비되어가는 루게릭병을 않고 있는 백종우는 이지수의 어린 시절 한동네에서 자란 친구인데, 우연히 재회한 이후 결혼까지 하게 됩니다. 하지만 더 이상 지수를 자신에게 붙들어 두어서는 안 된다고 생각한 종우는 마음에도 없는 말과 행동으로 떠나보내고, 깊은 슬픔 속에서 지수는 장례식장에서 염을 하며 장례지도사의 삶을 살아갑니다. 어느 날 둘은 다시 재회하게 되고 종우의 마지막 가는 길에 지수는 정성 들여 그의 시신을 닦아주고 그의 장례를 치르게 됩니다. 최근에는 장례지도사가 전문 직업으로 인정받지만, 이 영화에서나 또 과거에 이 일은 부정적 일로 비쳤습니다. 죽음에 대한 거부감과 두려움의 영향 때문이었습니다.

3. 준비하는 죽음 1 - 장례식

프랭클린 루스벨트 대통령은 장남 제임스에게 그의 장례식에 관한 내용을 담은 네 페이지 분량의 서류를 남겼습니다. 그 내용은 다음과 같습니다. "만일 내가 공무 중에 죽는다면, 백악관의 동쪽 방에서 간단한 예식을 치러주기를 원한다. 그곳에는 어떤 영정도 마련하지 말고, 포성도 울리지 말고, 영구차를 앞세우지 말기를 바란다. 그리고 관은 검은색 나무로 짠 간단한 것이기를 바란다. 내 시신은 방부 처리하는 것을 그만두고 밀봉하지 말기를 바라며, 무덤의 주위를 벽돌과 시멘트 또는 돌로 장식하지 말기를 바란다."
그가 남긴 내용은 분명히 알 수 있는 것들입니다. 그러나 그의 장례식은 전혀 다르게 진행되었습니다. 그 이유는 안타깝게도 루스벨트 가족 중 아무도 이런 서류가 있는지를 몰랐기 때문이라고 합니다. 그 서류는 그가 매장된 며칠 후에 그의 대통령 사저에서 발견되었습니다.[1]

죽음을 준비한다고 할 때 여러 가지를 생각할 수 있습니다. 먼저 장례식을 생각해 볼 수 있습니다. 장례만큼 부담스러운 예식도 없죠. 장례식을 진행해야 하는 유가족이나 장례식장을 찾는 문상객이나 서로 부담스러운 현장이 바로 장례식장이죠. 유가족에게 어떤 말을 해야 할지, 어떻게 문상객을 맞이해야 할지 여간 어려운 일이 아닙니다.

아일랜드에서 태어난 워렌 닐랜드 오산대 교수는 패스트푸드점 같은 한국 장례 풍경에 큰 충격을 받았다고 합니다. 그는 한국을 좋아하지만, 한국식으로 죽거나 묻히고 싶지는 않다고 했습니다. 그의 눈에 비친 한국 장례식장 풍경은 고인이 누군지도 모르는 조문객이 북적대는 장면, 5만~10만 원씩 현금을 헤아려 흰 봉투에 넣는 장면, 유족과 조문객이 고인과 아무 상관도 없는 얘기를 나누는 장면, '기관 대표' 리본이 달린 조화가 늘어선 장면이 너무나도 기이했습니다. 수도권 화장장에 갔을 땐 여러 유족이 한 공간에 뒤섞여 각자 번호표 받고 북적대는 광경에 내심 큰 충격을 받았다고 합니다. 그는 고인을 보내는 건 굉장히 개인적인 경험인데, 그곳 풍경은 꼭 패스트푸드 식당 같았다고 했습니다. 그러면서 아일랜드에서 사람이 죽으면 그 사람을 애도하고 존경을 바친다고 하면서, 한국에서의 장례식장은 자기 인생에서 가장 서글픈 공간이었다고 했습니다.

그는 2013년 외할머니의 삼일장을 치르기 위해 고향에 다녀왔는데, 장례식은 이렇게 진행되었다고 합니다. 첫날은 '패밀리 뷰잉'(family viewing)을 했습니다. 관을 열어둔 채 가까운 가족, 친척만 찾아와 고인의 얼굴을 봤습니다. 둘째 날은 이웃과 지인들이 검은 옷을 입고 찾아와 고인을 봤고, 그날 밤 장의차로 관을 성당까지 운구했습니다. 셋째 날에는 성당에서 장례 미사를 드렸고, 동네 사람들이 다 같이 묘지까지 따라갔습니다. 매장을 마친 뒤 유족은 동네 선술집에서 동네 사람들을 위해 간단한 음식과 맥주를 대접했습니다. 삼일장 내내 '주인공'은 할머니였고, 유족은 장례식장과 성당에 할머니의 옛날 사진을 뒀습니다. 조문객들이 그걸 들춰보며 추억담을 나눴고, 장례 미사 때 첫째 손자가 추도사를 읽었습니다.

그리고 선술집에 모여서도 다들 고인과 연관된 얘기를 했습니다. 이런 문화에 익숙한 외국인의 눈에 비친 한국 장례식장이 패스트푸드점과 같았다는 말은 특별했습니다. 특히 그는 고인이 장례식의 주인공이 되지 못하는 것이 너무나도 안타까웠다고 합니다. 이러한 장례식 문화에는 한국인의 죽음에 대한 태도가 그대로 반영되어 있습니다.[2]

한 실버타운의 광고 사진을 보면 "자식이 찾아와 주니 매일매일 추석이네!"라는 문구가 눈에 확 들어옵니다. 그만큼 자녀들이 부모님을 찾아가지 않는 세태를 반영해서 만든 광고입니다. 세계장의사협회에서는 세계 각국의 1년간 평균 성묘횟수를 조사했는데, 1년 평균 일본이 8회, 미국이 4회, 유럽 등에서는 대체로 연평균 10회 이상 방문한다고 합니다. 이에 비해 한국은 연평균 1.5회를 밑돌고 있다고 하는데, 추석에는 남들이 다 가니까 한번은 찾아갈 것이고 그리고 다른 명절에는 가기도 하고 그렇지 않기도 한 현실을 보여주는 통계입니다. 혹시 고인을 버리듯 모셔 놓고 그저 때가 되면 의무감에 한두 번 찾아가는 형식은 아닌지 생각하게 하는 통계입니다.[3]

다음은 문인수 시인의 시 '하관'입니다. "이제, 다시는 그 무엇으로도 피어나지 마세요. 지금, 어머니를 심는 중…."[4] 이것이 이 시의 전부입니다. 그런데 '묻는 중'이 아니라 '심는 중'이라고 한 표현이 참 특별했습니다. 정성을 다하는 시인의 마음만 아니라, 영원히 함께하고자 하는 간절함을 느낄 수 있었습니다.

성경을 보면 예수님을 비롯해 믿음의 사람들이 자신의 죽음을 준비하는 모습을 살펴볼 수 있습니다. 야곱은 자신의 장례를 앞두고 먼저 사랑하는 아들 요셉을 불러 자신의 장례에 대해서 이야기를 합니다(창 47:29-30). 자신을 이곳 애굽에 두지 말고 조상의 묘지가 있는 가나안으로 데려갈 것을 유언으로 남깁니다. 실제로 야곱의 시신은 그의 유언대로 고향으로 모셔집니다.

> 창 47:29-30 "29 이스라엘이 죽을 날이 가까우매 그의 아들 요셉을 불러 그에게 이르되 이제 내가 네게 은혜를 입었거든 청하노니 네 손을 내 허벅지 아래에 넣고 인애와 성실함으로 내게 행하여 애굽에 나를 장사하지 아니하도록 하라 30 내가 조상들과 함께 눕거든 너는 나를 애굽에서 메어다가 조상의 묘지에 장사하라 요셉이 이르되 내가 아버지의 말씀대로 행하리이다."

또한 야곱은 모든 자녀들을 불러 모았습니다. 그리고 그들 한 사람, 한 사람을 위해서 기도합니다. 그들을 축복함으로, 아름다운 신앙의 유산을 남김으로 자신의 장례를 준비했습니다. 창세기 49장 1절입니다. "야곱이 그 아들들을 불러 이르되 너희는 모이라 너희가 후일에 당할 일을 내가 너희에게 이르리라."

모세도 자신의 죽음에 앞서 이스라엘 축복했다고 성경은 기록합니다. 신명기 33장 1절입니다. "하나님의 사람 모세가 죽기 전에 이스라엘 자손을 위하여 축복함이 이러하니라." 신앙의 유산을 남긴 것입니다. 이스라엘 자손으로 온전히 하나님을 섬길 것을 유언으로 남기는 것으로 자신의 죽음을 준비했습니다.

예수님은 '어리석은 부자'의 비유를 통해 죽음을 준비하는 것이 무엇인지에 대해서 말씀해 주셨습니다(눅 12:16-21). 영혼에 대한 아무런 관심도 없이 자신이 죽을 것을 알지도 못하고 창고만 늘리려는 이 부자에 대해 '어리석다' 하시며 영혼에 대해 생각하고 죽음을 준비하도록 말씀합니다.

> 눅 12:19-20 "19 또 내가 내 영혼에게 이르되 영혼아 여러 해 쓸 물건을 많이 쌓아 두었으니 평안히 쉬고 먹고 마시고 즐거워하자 하리라 하되 20 하나님은 이르시되 어리석은 자여 오늘 밤에 네 영혼을 도로 찾으리니 그러면 네 준비한 것이 누구의 것이 되겠느냐 하셨으니."

그리고 예수님도 자신의 죽음을 준비하셨습니다. 수차례 십자가에 죽고 부활하실 것을 말씀하셨으며, 그리고 그 목적이 무엇인지도 알려주셨습니다. 특히 예수님은 죽음 바로 앞에서 기도하셨습니다. 하나님의 영광을 위해서, 그리고 제자들과 세상을 위해 기도하심으로 죽음을 준비하셨습니다. 요한복음 13장 1절의 말씀입니다. "유월절 전에 예수께서 자기가 세상을 떠나 아버지께로 돌아가실 때가 이른 줄 아시고 세상에 있는 자기 사람들을 사랑하시되 끝까지 사랑하시니라."

4. 장례식 - 죽음과 죽음 이후의 세계관 반영

역사적으로 다양한 형태의 장례가 있었습니다. 다양한 장례의 방식은 크게 두 가지 요소에 의해 결정됩니다. 하나는 '환경적 요인'이고, 다른 하나는 '세계관'입니다. 기후를 비롯한 그 지역의 자연환경에 따라 장례방식이 달라집니다. 그리고 거기에 죽음과 죽음 이후에 대한 세계관이 반영됩니다. 다양한 장례문화로는 다음의 것들이 있습니다.[5]

에스키모로 불리는 이누이트(Innuit) 족은 '석총' 형태의 무덤을 만드는데, 그것은 땅이 얼어 있는 자연환경의 영향과 더불어 곰을

| 에스키모

신성시하는 토테미즘과 자연 순환적인 세계관이 반영된 것입니다. 에스키모는 땅을 팔 수 있는 조건에서는 매장하지만, 그렇지 못하다면 얼음 위에 시신을 누이고 그 위에 돌을 쌓아 석총 형태의 무덤을 만듭니다. 그리고 사람이 죽으면 그 시체를 북극곰에게 먹이로 줍니다. 곰에게 먹힌 사람은 다시 곰으로 태어나게 되고, 사람은 곰 사냥을 통해 그 곰을 먹게 되고, 인간에게 먹힌 곰은 다시 사람으로 태어난다고 믿었습니다.

'매장'은 가장 보편적인 장례풍속으로, 시신이 시간이 지나면 부패하고 오염되는 까닭에 땅속에 묻는 것만큼 위생적이고 안전한 곳은 없다고 생각했습니다. 또 거기에는 죽음이 어둠의 이미지를 동반하고 지하세계가 죽은 자들이 머무는 곳이라는 관념과도 연관됩니다. 고대 바벨론과 수메르인들은 살아 있을 때의 계급에 따라서 매장하는 방식도 달랐습니다. 귀족은 편안히 누워서 두 손을

매장 현장, '오르낭의 매장'(오르낭, 1849-1850)

가지런히 가슴에 모은 채 잠자는 자세를 취하고 묻힌 반면, 노예들은 무릎을 꿇린 자세로 묻히기도 했습니다. 죽은 다음에도 살아 있을 때의 신분이 그대로 계승될 뿐만 아니라, 노예는 죽어서도 주인을 섬기는 역할을 해야 하는 운명임을 보여준 것입니다. 고대 히브리인들은 매장의 다른 형태인 동굴을 무덤으로 이용하는 장례문화를 가지고 있습니다. 아브라함은 아내 사라가 죽었을 때 막벨라 굴에 묻었고, 이삭의 아들 야곱도 같은 굴에 매장되었습니다(창 23:19; 50:13). 예수님 시대에도 동굴은 히브리인들의 매장 장소였습니다. 이슬람교를 믿는 무슬림들은 매장 방식을 선호하는데, 흥미로운 사실은 각 시신이 묻히는 장소는 다를 수 있어도, 모든 시신의 오른쪽이 이슬람의 성지인 메카를 향하는 공통점을 갖고 있습니다.

| 수장 현장

'수장'은 바다를 삶의 터전으로 삼고 살아가는 사람들에게 익숙한 장례방식입니다. 특히 바이킹들은 죽은 이의 몸이 바다와 하나 되어 영원히 바다에 잠들 수 있도록 시신을 배에 실은 후 바다로 보내기도 했습니다. 이 경우 배에 불을 붙이기도 하지만, 영웅으로 추앙받는 왕들의 경우 바다 끝에 있다고 믿었던 조상과 신들의 세계에 다녀올 수 있도록 불을 붙이지 않고 죽음의 항해를 떠나보내기도 했습니다.

'화장'이 서구 사회에 널리 퍼지기 시작한 것은 기원전 1세기경 그리스에서였는데, 처음에는 수많은 전쟁으로 인한 실용적인 목적에서였습니다. 전쟁 중이므로 시신을 본국으로 가져갈 수 없었기 때문이었습니다. 그러나 점차 영웅적인 인생을 산 사람이 마지막에 보여주는 위대한 의식으

| 화장을 마친 골분을 넣는 유골함

로 화장이 선호되기 시작했습니다. 로마 전성기에 유행하던 화장도 서기 313년 기독교가 국교로 선포된 이후부터는 사라지기 시작했는데, 왜냐하면 기독교는 육체의 부활을 믿었으므로 당시 기독교인들은 부활을 위해서는 반드시 육체가 있어야 한다고 생각했기 때문입니다.

'노출장'은 조장(鳥葬) 또는 풍장(風葬)이라고도 부릅니다. 시신을 자연에 노출시켜서 새나 다른 짐승의 먹잇감이 되게 하여 자연스럽게 해체를 도모하는 장례식입니다. 기원전 6세기 이란 지방에서 발흥한 조로아스터교에서 시행되었는데, 조로아스터교는 사람들의 사체를 땅속에 묻으면 땅이 오염되고 작물이 성장하는 데 좋지 않은 결과를 줄 것이라고 믿었습니다. 그래서 단을 쌓고 그 위에 시신을 얹습니다. 그리고 악령들이 시신을 탈취하지 못하도록 개를 한 마리 풀어놓습니다. 시신의 해체는 독수리 콘도르의 몫으로, 사흘이 지난 후 시신에서 뼈만 남게 되면 그때야 사람들이 그 뼈를 분쇄하여 구덩이 속에 넣게 되고 비로소 장

'조장'(티베트에서 장례, 사진: Antoine Taveneaux)

례식은 끝을 맺습니다. 티베트 사람들의 천장(天葬)도 이와 비슷합니다.

우리에게는 낯선 몽고의 풍장을 이해할 수 있는 시가 있어 일부를 소개합니다.[6]

몽고의 풍장(風葬)

몽고의 한없이 퍼진 들
한가운데
돌 더미 위에 놓인 시체

누군가가 혼자서 그 시체를 칼로
큼직하고 잘 드는 식칼로 쨌다
배를 그리고 가슴을 쨌다.

바로 그 위
코발트 빛 높은 하늘에서 독수리들이 빙빙 돈다.
눈 아래서 행해지는 풍장 의식을 구경한다.

자연환경 그리고 죽음과 죽음 이후의 세계관이 반영된 장례에는 공통된 목적과 의미가 있습니다. 첫째는 환송의 의미입니다. 잘 보내드리는 것입니다. 둘째는 내세로 가는 죽은 이의 안전을 기원하는 마음입니다. 알 수 없는 그곳, 그 길을 가는 고인이 안전히 가기를 기원하는 것입니다. 셋째는 살아 있는 사람들의 정신적 위안의 방편입니다. 넷째는 산 사람과 죽은 사람의 관계를 새롭게 정립시켜 주는 것입니다. 이러한 과정을 통해 죽은 이가 더 이상 세상에 없는 존재라는 사실을 인정하게 됩니다.

우리나라는 유교 문화의 영향으로 오랫동안 매장을 당연하게 생각해 왔지만, 최근 묘를 관리하는 데 따르는 불편함과 서구화, 핵가족화가 되면서부터는 화장하는 비율이 급속히 증가했습니다. 전남 고흥군의 한 가족 묘지에 묘 전체를 회색 시멘트

지역개발로 인한 묘지 이전 현장

묘비에 붙은 관리비 미납 딱지

· 04 · **준비하는 죽음** - Memento Mori(죽음을 기억하라)

로 덮어버린 '콘크리트 묘'가 등장했다고 합니다. 과거 잔디가 수북하게 심겨 있던 묘지였는데 회색 시멘트로 봉분을 덮어버린 것입니다. 그 이유는 멧돼지 때문이라고 하는데, 수시로 잔디를 파헤치고 봉분을 계속 훼손해 묘지관리가 어려워지자 고육지책으로 이렇게 하기로 했다고 합니다. 공동묘지에 가면 관리비를 내지 않아 딱지를 붙여 놓은 묘비들을 볼 수 있습니다. 특히 요즘은 지역사회 개발로 인한 공동묘지 이전으로 개인의 무덤을 이전해야 하는 일이 종종 생기면서 무덤의 민낯이 그대로 드러나 주변 사람들의 마음을 안타깝게 합니다.

5. 화장문화의 보편화

이러한 매장의 불편함과 여러 가지 이유로 인해 오늘날 화장 비율이 높습니다. 묘지가 전 국토의 1%를 차지하는데, 이것은 전국 공장 터의 3배, 그리고 서울시 면적의 1.5배에 해당하는 수치라고 합니다. 해마다 많은 땅이 묘지가 되는 상황에서 화장 중심의 장사정책이 이루어지고 있습니다. 그 결과 전국적으로 화장 비율은 17.5%(1990년)에서 71.1%(2011년), 그리고 2015년에는 80%를, 2020년에는 88%로 예상됩니다. 서울의 경우는 더 높습니다. 반대로 매장 비율은 1990년 82%에서 2010년 29%, 그리고 2020년에는 12%로 예상됩니다. 외국의 경우 화장 비율이 중국은 거의 100%, 일본은 99.9%, 네덜란드는 98%, 영국은 75%, 미국도 50.2%에 이르고 있다고 합니다.

화장 증가와 함께 1990년대부터 봉안(납골) 시설이 많이 늘었습니다. 봉안당이란 시신을 화장한 후 유골이나 분골을 봉안함에 담아서 모셔두는 곳인데, 화장 후 봉안당에 안치하는 비율은 73.5%에 이릅니다. 그러나 봉안당의 경우 안치 후 안정적인 관리운영이 이루어지지 않고 방치하면 혐오시설로 전락할 우려가 있고, 사설 봉안당이나 가족납골묘의 경우 안치비용 부담의 문제가 있습니다. 무엇보다 산골(散骨)처럼 자연으로 회귀하는 완전한 장법이 아니므로 후대에서 다시 자연장이나 매장을 해야 하는 부담이 있습니다. 보통 국립이나 시립시설의 경우 사용 기간이 30년인데, 2012년 윤달 봉안 반환 후 유해 처리현황을 보면 자연장(산골, 수목장 등)이 51%, 재봉안(문중봉안 및 종교시설 등)이 27%, 기타(선산에 매장 등)가 22%로 나타났습니다.

최근에는 자연장에 대한 관심이 높아졌습니다. '자연장'이란 화장한 골분을 잔디, 수목, 화초 등에 묻는 방식으로 국토의 잠식과 환경오염을 예방하고 자연 회귀의 정신을 반영합니다. 선진국

네덜란드 힐릭 미어(Hillig Meer) 자연장지(사진: ltlamcse01)

에서는 일반화된 장사 문화입니다. '수목장'은 좁은 국토에 묘지로 인해 살림과 주거지가 훼손되었던 스위스에서 1999년 최초로 도입한 후 전 세계적으로 확대되었습니다. 국내에서는 일부 종교단체에서 운영되다 2004년 김장수 고려대 교수의 장례식을 수목장으로 해서 관심을 불러일으켰습니다. 그는 고려대학교 농과대학장과 국립공원 협회장을 지냈는데, 고인의 뜻에 따라 고려대학교 양평 연습림에 수목장으로 안치되었습니다. 2010년 보건사회연구원 설문 조사에 따르면 자연장을 선호하는 이유에 대해 '깨끗하고 친환경적 자연장법'(35%), '절차가 간소하고 시간이 절약되는 편리성'(27%), '사후 관리 용이'(25%), '저비용'(5%) 등으로 나타났습니다.

독일 아뻴도른(Apeldoorn) 자연장지

일본 요코하마 메모리얼 그린 자연장지는 요코하마 드림랜드인

놀이시설을 철거하고 조성된 곳으로 자연장지와 봉안묘지가 어우러진 아름다운 공원입니다. 인접한 곳에 야구장도 있습니다. 사진에서처럼 세 그루의 나무에 약 3천구를 안치할 수 있게 되어 있습니다.

영국 드레이크 기념공원(Drake Memorial Park, 사진: Rod Allday)

노르웨이 오슬로 알파셋 자연장지는 집단묘지 일부 지역의 둔덕을 이용한 정원형의 자연장지인데 가로, 세로 80cm를 넘지 않게 하는 고인 표지를 사용하여 운영합니다.

오스트리아 잘츠부르크 공설묘지 내 자연장지는 묘지 내 오래된 나무와 잔디가 있는 일정 구역을 자연장지로 조성하고, 자연장지 중앙에는 안치 전에 의례를 치를 수 있도록 조성되어 있습니다. 그리고 마을 바로 옆, 주거지역에 가까이 있는 공동묘지는 묘지라기보다는 공원처럼 잘 조성되어 있습니다.

스페인 몬주익 자연장지는 라벤더, 로즈마리 등 다양한 허브를 이용한 화초형 자연장지, 사이프러스 나무를 이용한 수목형 자연장지가 조성되어 있습니다.

오스트리아 잘츠부르크(사진: 리모)[7]

경기도 이천시 소재의 에덴낙원에는 산골장소인 부활소망가든이 있습니다. 측백나무로 둘러싸인 교회 안뜰에는 십자가와 기도하는 조각상이 마련되어 있고 그 앞의 구별된 함 안에 화장한 고인의 유골의 골분을 뿌릴 수 있도록 조성되어 있습니다.

지금까지 보았듯이 변화하는 장례문화에 따라 한국사회에도 많은 변화가 있었습니다. 누군가 알아서 해주길 기다리거나 다들 하는 대로 하도록 두는 것이 아니라, 의식을 가지고 자신의 장례를 준비하는 것이 필요합니다. 그것은 후세에 귀중한 삶의 유산을 남기는 하나의 방법이기도 합니다. 특히 그리스도인으로 신앙적인 의식을 가지고 준비할 수 있다면 더욱 의미 있을 것입니다. 나는 나의 장례식을 어떻게 준비할지 생각해 보게 됩니다.

한국 경기도 이천시(에덴파라다이스 메모리얼 리조트)

6. 준비하는 죽음 2 - 엔딩 노트

장례식의 방식에 대한 것만 아니라, 맞이하는 죽음이 되기 위해서는 준비해야 할 여러 가지가 있습니다. 영화 '오다기리 죠의 도쿄타워'(Tokyo tawa)의 주인공 마사야는 항상 어머니의 응원과 지지를 받고 자랐습니다. 그러나 제대로 정착하지 못하고 방황하던 중 어머니의 암 수술 소식을 듣고 마음을 다잡아 여러 일을 하며 어머니를 도쿄로 모셔와 함께 살게 됩니다. 하지만 어머니의 암이 재발

'마지막 장'(The Last Chapter), 제임스 펜로즈(James Doyle Penrose, 1902)

하고 아들은 어머니의 병실을 지킵니다. 이 영화 가운데 어머니가 자신의 소중한 추억이 담긴 물건들을 정리하며 아들에게 보여주는 장면은 뭉클한 느낌을 줍니다. 죽음을 준비하는 정성 어린 어머니의 모습을 볼 수 있었기 때문입니다.

일본 미야자키현 미야자키시의 '내 마음을 전하는 노트'는 엔딩 노트에 대한 좋은 가이드를 제공합니다. 일반 엔딩 노트와 달리 연명 치료 여부에 초점을 맞췄는데, 이 노트는 작성자가 의식이 없어 판단할 수 없고 회복 가능성이 없을 때를 대비, 의사에게 치료 범위를 제시하는 것으로 시작합니다. 여기에는 회복 가능성이 없어

보일 때의 조치 사항, 가족들에게 전하는 말, 가족의 서명, 병명과 얼마나 더 살 수 있을지를 의사로부터 설명을 들을지 여부, 혼수상태 시에 자신을 대신해 판단을 내릴 친지의 긴급 연락처를 적게 했습니다. 우리나라도 2014년부터 서울 서대문구청에서 엔딩 노트를 제공하고 있습니다. 여기에는 간략한 인적사항과 꼭 연락해야 할 사람, 중요 문서를 어디에 두었는지(주민등록증, 통장, 사진), 원하는 장례방식, 장례를 부탁하고 싶은 사람, 장례에 참석했으면 하는 사람, 받을 돈과 갚을 돈, 유산 및 유품처리, 남기고 싶은 이야기 등을 적게 했습니다.

신앙 안에서 죽음을 생각하고 준비함에는 많은 유익이 있습니다. 죽음을 생각함의 유익으로는 다음의 것들이 있습니다. 첫째, 교만한 인간으로 겸손하게 합니다. 둘째, 죽음에 대한 태도를 미리 취하는 지혜를 줍니다. 셋째, 순간순간을 충실하고 의미 있게 합니다. 넷째, 참되고 영원한 것을 찾는 삶의 태도를 선물합니다. 다섯째, '있음' 자체를 기뻐하는 마음을 가지게 합니다. 여섯째, 비정한 사회가 인간적인 사회로 변화하는 데 기여합니다.

한국 최초의 시각장애인 박사로 미국 백악관 국가장애위원회 정책차관보를 지낸 강영우(1944-2012) 박사는 자신이 곧 죽을 것을 알고 자신의 죽음을 준비했습니다. 그것은 그의 지금까지의 삶을 아름답게 하고 더욱 귀하게 하는 기회가 되었습니다. 그는 주변 사람들에게 편지로 이런 감사의 마음을 전했습니다.

"두 눈을 잃고, 저는 한평생을 살면서 너무나 많은 것을 얻었습니다. 늘 여러분의 곁에서 함께하며 이 세상을 조금 더 아름다운 곳으로 만들기 위해 노력하고 싶은 마음은 무엇보다 간절하나 안타깝게도 그럴 수 없다는 것이 현실입니다. 여러분들이 저로 인해 슬퍼하시거나, 안타까워하지 않으셨으면 하는 것이 저의 작은 바람입니다. 아시다시피 저는 누구보다 행복하고 축복받은 삶을 살아오지 않았습니까? 끝까지 하나님의 축복으로 이렇게 하나, 둘 주변을 정리하고 사랑하는 사람들에게 작별 인사할 시간도 허락받았습니다. 한 분 한 분 찾아뵙고 인사드려야 하겠지만, 그렇게 하지 못하는 점 너그러운 마음으로 이해해 주시기를 바랍니다. 여러분으로 인해 제 삶이 사랑으로 충만했고, 은혜로웠습니다. 감사합니다. 2011년 12월 16일. 강영우 드림"

그리스도인으로 죽음을 준비함에 있어 가장 중요한 것, 예수님은 다른 무엇보다 우리의 영혼을 위한 준비를 하라고 말씀합니다. 누가복음 12장 19-20절입니다. "19 또 내가 내 영혼에게 이르되 영혼아 여러 해 쓸 물건을 많이 쌓아 두었으니 평안히 쉬고 먹고 마시고 즐거워하자 하리라 하되 20 하나님은 이르시되 어리석은 자여 오늘 밤에 네 영혼을 도로 찾으리니 그러면 네 준비한 것이 누구의 것이 되겠느냐 하셨으니." 오늘 나는 나의 죽음을 위해 무엇을 준비하고 또 어떤 삶을 살지 스스로에게 물어봅니다.

미주

1) 빌리 그레이엄, 『죽음이란 무엇인가』, 크리스찬다이제스트(2003), p. 183.
2) '한국인의 마지막 10년, 2부'(조선일보, 2014. 9. 2)
3) 우재욱, 『숲이 되는 묘지』, 어드북스(2017), p. 198.
4) 문인수, 『적막소리』, 창비(2012), p. 18.
5) 장경철 외, 『죽음과 종교』, 두란노(2014), pp. 137-153.
6) 박이문, 『아침 산책』, (주)민음사, p. 87.
7) 여행드로잉작가 리모(블로그)에서 사진 인용.

05

죽음 이후
- Vitam Aeternam(영원한 삶)

행복
웰다잉 *Well-Dying* 에서
배우다

· 05 ·

죽음 이후
— Vitam Aeternam(영원한 삶)

　오늘날 죽었다가 깨어났다는 뉴스를 종종 접하게 됩니다. 통상적으로 죽음의 기준으로 삼는 것은 심장 활동의 중지, 호흡의 중지, 혈압이 제로 상태로 떨어짐, 눈동자가 흩어짐, 체온이 식음, 뇌 전파 측정기의 화면에 나타나는 운동 곡선이 완전히 수평을 이룸으로 뇌 전파의 모든 활동이 완전히 중지되었음을 나타낼 때이며, 이런 경우 의학적으로 죽음을 확정합니다.

1. 임사체험

영화 '히어애프터'(Hearafter)에는 특별한 경험을 한 세 명의 주인공이 등장합니다. 인도네시아의 쓰나미로 인해 죽음을 한 번 경험한 사람, 죽은 자들이 보이고 망자와 대화할 수 있는 사람, 죽은 자를 너무나 그리워하는 사람이 등장하는데, 이 세 사람은 운명적으로 만납니다. 그중 '마리'는 인도네시아에서 쓰나미로 인해 죽음을 경험하지만, 기적적으로 다시 살아납니다. 프랑스에서 유명한 아나운서였던 마리는 사후 세계 경험 후 직장을 휴직하고 그 체험한 것을 책으로 씁니다. 그 잠깐 사이에 경험했던 사후 세계에 대한 경험으로 그는 삶에 큰 전환점을 겪습니다. 그리고 이전과는 다른 태도와 가치관을 가지고 살아가게 됩니다.

이븐 알렉산더(Eben Alexander), 『나는 천국을 보았다』(*Proof of Heaven*), 김영사(2013)

이븐 알렉산더(Eben Alexander) 하버드대학교 신경외과 의사는 『나는 천국을 보았다』(*Proof of Heaven*)에서 자신이 2008년 희귀한 질병으로

'동물의 창조와 낙원의 전경'(Paradise landscape with the Creation of the animals), 장 브뤼겔(Jan Brueghel, 1678년 이전)

54세에 7일간 혼수상태에서 경험했던 특별한 경험을 기록했습니다. 그는 이전까지 이러한 경험은 뇌가 만들어낸 환상에 불과하다고 믿어왔는데, 그 자신이 뇌가 완전히 멈춘 순간에 죽음 너머의 세상을 경험함으로써, 임사체험은 뇌가 만들어내는 환각이 아니며 뇌가 죽어도 의식이 계속 존재한다는 증거가 되었다고 설명합니다.

그에 대한 기사를 2012년 10월 뉴스위크에서도 다루었습니다. 이븐 알렉산더는 인터뷰에서 이렇게 말했습니다. "나는 천국, 신, 영혼에 관한 그 어떤 이야기도 의학적인 지식과 양립될 수 없다고 생각했다. 하지만 지금은 신과 영혼이 실재하며, 죽음이 끝이 아니라는 것을 깨달을 때만이 진정한 삶을 얻을 수 있다고 믿는 의사가 되었다. 우리의 삶이 육체나 뇌의 죽음과 더불어 끝나는 것이 아님을 이해하게 된 지금, 이 몸과 이 지구를 넘어서 내가 보게 된 것에 대해 사람들에게 알리고 싶다. 무엇보다 이전에도 이와 유사한 이야기를 듣고서 믿고 싶었지만 차마 전적으로 믿을 수 없었던 그런 사람들에게 나의 이야기를 전하고 싶은 마음이 간절하다. 이 책과 이 안에 담긴 메시지는 누구보다도 그들을 위한 것이다."

과거 그리스도인들 중에는 임종 자리에서 천국과 예수님, 가족에 대한 환상을 보는 일이 흔했다고 합니다. 이러한 현상은 한편에서 사랑하는 가족의 죽음을 지켜본 사람들에게 믿음과 소망이 깃든 위로를 주고 슬픔을 누그러뜨리는 역할을 했습니다. 같은 맥락에서 기독교 변증가로 널리 알려진 달라스 윌라드(Dallas Willard)는 강력한 진통제를 투여하는 일이 보편화되기 전에는 죽어가는 사람이 먼저 간 사람들과 대화하는 현상을 흔히 목격했다고 설명합니다. 이것에 대해 『죽음을 배우다』의 저자 랍 몰(Rob Moll)이 좀 더 설명을 요청하자, 달라스 윌라드는 자신의 경험을 이야기해 주었습니다.

"파킨슨병으로 죽은 우리 형은 오랫동안 말을 못 하는 상태였다네.

그런데 죽기 직전에 형수님께 '여보, 이제는 나를 놓아주구려'라고 말하고 돌아가셨다고 하더군."[1]

그리고 달라스 윌라드도 2013년 5월 하나님의 부르심을 받았는데, "고맙습니다"(Thank you)라는 말을 남기고 평화롭게 세상을 떠났습니다.

'근사체험' 또는 '임사체험'(near-death experience)에 대해 1970년대 중반부터 심장과 호흡이 멎는 사람을 되살리는 심폐소생술이 발전하면서 자주 보고되게 되었습니다. 타임스지가 선정한 20세기 100대 사상가 중 하나인 스위스 출신의 정신과 의사였던 엘리자베스 퀴블러 로스 박사는 수많은 어린이 환자의 임종을 지켜보면서 관찰한 공통된 현상과 여러 사람의 근사체험에 대한 경험을 조사한 것을 저서 『사후생: 죽음 이후의 삶의 이야기』(*On life after death*)에서 소개하고 있습니다. 그녀는 수많은 환자의 임종을 지켜보았는데, 죽음의 순간을 함께 견디며 또 죽어가는 사람들의 목소리에 귀를

■ 엘리자베스 퀴블러 로스, 『사후생』 (*On life after death*), 대화문화아카데미(1996)

기울이자 놀랍게도 죽음에 직면한 이들은 자신이 언제 죽음을 맞게 될지 알고 있었다고 합니다. 그녀는 세계 곳곳에서 죽음을 선고받았다가 다시 살아난 사람들의 거의 2만 가지 사례를 수집하여 연구해 인간이 죽음의 순간에 경험하는 것을 알아보고자 했고 그 결과 환자의 연령, 성별, 인종, 종교의 유무나 종류에 무관하게 삶의 종말체험과 근사체험이 나타난 것을 발견했다고 합니다. 그녀는 이렇게 말합니다.

"상징적으로 비유하자면 죽음은 그저 '한 집에서 더 아름다운 집으로 옮겨가는 것'이다. 고치(몸)가 회복 불능의 상태가 되면 나비(영혼)가 태어난다."[2]

네덜란드의 여러 병원에서 많은 근사체험자를 대상으로 한 연구가 2001년 저명한 의학학술지인 Lancet에 실렸습니다. 이 학술지는 1823년 영국에서 창간된 이래 발간 역사가 189년이나 된 정통 있고 권위적인 학술지입니다. Lancet에 실린 내용에서 네덜란드 연구자들은 여러 병원에서 심폐소생술로 다시 살아난 344명을 조사했더니, 18%가 근사체험을 했다는 사실을 발표했습니다. 게다가 이 연구는 근사체험이 체험자들의 삶에 어떤 영향을 미쳤는

가를 2년 뒤와 8년 뒤까지 조사하는 전향적인 연구를 통해 무경험자에 비하여 근사체험자는 다른 사람에 대해 공감과 이해를 더 많이 하게 되고, 인생의 목적을 더 잘 이해하며, 영적인 문제에 더 관심을 가지며, 죽음에 대한 두려움은 큰 폭으로 감소하고, 사후의 생에 대한 믿음과 일상사에 대한 감사의 마음이 크게 증가했다고 보고했습니다. 몇 분밖에 되지 않는 짧은 순간의 체험이 8년 뒤까지도 큰 영향을 준 것입니다.[3]

근사체험자들이 경험한 이야기에는 몇 가지 공통점이 있습니다. 학술지 Lancet는 열 가지 체험 요소를 발표했는데, 그 내용은 윌리엄 제임스(William James)가 『종교적 경험의 다양성』(The Varieties of Religious Experience)에서 언급한 종교적 초월경험과도 유사합니다. 윌리엄 제임스는 '피동성'(passivity), '말로 표현하기 어려움'(ineffability), '깨달음과 통찰을 얻게 됨'(noetic quality), '일시성'(transiency)을 심층 종교적 체험의 특징으로 언급하는데, 이것은 Lancet의 근사체험자의 공통된 경험 열 가지 요소와 공통점을 가집니다. 그 열 가지는, '자신이 죽었다는 인식'(50%), '긍정적인 감정'(56%), '체외이탈 경험'(24%), '터널을 통과함'(31%), '밝은 빛과의 교신'(23%), '색깔을 관찰함'(23%), '천상의 풍경을 관찰함'(29%), '이미 세상을 떠난 가족과 친지와의 만남'(32%), '자신의 생을 회고

'천국으로의 승천'(보슈, 1500년경)

함'(13%), '삶과 죽음의 경계를 인지함'(8%)입니다.[4]

네덜란드 화가인 히에로니무스 보슈의 '천국으로의 승천'에는 근사체험의 여러 요소 중 하나인 터널을 통과하여 빛을 만나는 장면을 묘사합니다. 터널을 뚫고 가거나, 문을 통과하거나, 다리를 건넙니다. 이 터널이나 다리, 산길을 지난 후에는 그 끝에서 빛에 에워싸입니다. 이 빛은 흰색보다도 더 하얀데, 짧은 순간 동안 이 빛을 봅니다.

2. 하나님이 정하신 것 - 한 번 죽음

의학계에서 근사체험에 대한 논의는 다양하고 이견도 많습니다. 임사체험을 믿지 않는 사람들은 그것이 뇌의 비정상적인 상태가 야기한 환각에 불과하다고 주장합니다. 단지 산소 결핍의 결과나 약물 투여의 부작용, 소망사고의 투사로 간주되기도 합니다. 그런데 임사체험의 사실 여부에 대해서는 여전히 논란과 비판이 많지만, 임사체험이 당사자들의 삶에서 말할 수 없이 중요한 전환점이 되었음은 이견이 없습니다. 임사현상을 체험한 사람은 이전과는 분명히 다른 의식과 가치관을 지니게 되었다는 보고가 많습니다. 그러면서도 근사체험의 임상적 중요성에 대해 자살 방지 상담에서 효과적으로 활용될 뿐 아니라, 사후 세계 존재 여부나 환자의 신앙 여부와 관계없이, 임종이 임박한 환자가 갖게 되는 죽음에 대한 불안과 공포를 덜어주는 효과가 있다고 평가합니다.

이러한 경험상의 이야기들은 죽음에 대한 어떤 부정적인 결과를 빚어내지는 않지만, 성경의 가르침과 다른 부분도 있습니다. 빌리 그레이엄 목사님은 『죽음이란 무엇인가』에서 이러한 경험들이 사후 생을 믿을 수 있는 확고한 근본을 제공해 주는 것은 아니라면서, 죽음에 대한 두려움을 경감시키는 효과가 있을지는 모르나 성경에는 죽음에 대한 설명이 매우 분명하게 나타난다고 합니다. 다시 말해 각 사람은 한 번은 죽게 되어 있다는 것과 그곳에서는 결과가 있다는 것입니다. 히브리서 9장 27절의 말씀입니다. "한 번 죽는 것은 사람에게 정하신 것이요, 그 후에는 심판이 있으리니."

3. 성경에서 죽음의 표상 - 잠자는 상태와 그리스도와의 교통

성경에는 죽은 다음 우리가 어떤 상태에 있게 되는지 보여주는 다양한 표상이 있습니다. 그중 성경에서 쭉 이어지고 있는 것은 '잠자는 상태'에 대한 것과 '그리스도와의 교통'입니다.[5]

첫째, 이러한 성서적 근거에서 루터는 죽은 자들의 상태를 시간과 공간의 제약을 벗어났으며, 의식과 지각이 없는 수면, 곧 잠자는 상태로 설명합니다. 이것을 통해 분명히 알게 되는 것은 죽음이 인간에 대해 그 힘을 잃었으므로 죽은 자들이 살아 있는 자들을 위해 할 수 있는 일이 아무것도 없고 아무런 영향력도 줄 수 없음을 말합니다. 동시에 죽음이 엄연히 존재하지만, 그것은 인간의 마지막이 아니며, 부활에 이르는 문임을 말합니다.

구약에서 모세는 죽은 다음 조상들과 함께 잠들 것임(신 31:16)을, 다윗도 수한이 차서 그의 조상들과 함께 잠들 것임(삼하 7:12)을 말합니다. 여로보암은 스물두 해 동안 다스린 뒤에 조상들과 함께 잠들고(왕상 14:20), 시편의 저자들도 죽음의 상태를 잠자는 상태로 묘사합니다(시 13:3). 선지자들도 이와 같이 생각해서 죽은 자들은 땅의 먼지 가운데서 잠자고 있다고 했습니다(단 12:2; 사 14:18; 렘 51:57).

신 31:16 "또 여호와께서 모세에게 이르시되 너는 네 조상과 함께 누우려니와 이 백성은 그 땅으로 들어가 음란히 그 땅의 이방 신들을 따르며 일어날 것이요 나를 버리고 내가 그들과 맺은 언약을 어길 것이라."

삼하 7:12 "네 수한이 차서 네 조상들과 함께 누울 때에 내가 네 몸에서 날 네 씨를 네 뒤에 세워 그의 나라를 견고하게 하리라.

왕상 14:20 "여로보암이 왕이 된 지 이십이 년이라 그가 그의 조상들과 함께 자매 그의 아들 나답이 대신하여 왕이 되니라."

시 13:3 "여호와 내 하나님이여 나를 생각하사 응답하시고 나의 눈을 밝히소서 두렵건대 내가 사망의 잠을 잘까 하오며."

단 12:2-3 "2 땅의 티끌 가운데에서 자는 자 중에서 많은 사람이 깨어나 영생을 받는 자도 있겠고 수치를 당하여서 영원히 부끄러움을 당할 자도 있을 것이며 3 지혜 있는 자는 궁창의 빛과 같이 빛날 것이요 많은 사람을 옳은 데로 돌아오게 한 자는 별과 같이 영원토록 빛나리라."

사 14:18 "열방의 모든 왕들은 모두 각각 자기 집에서 영광 중에 자건마는."

렘 51:57 "만군의 여호와라 일컫는 왕이 이와 같이 말씀하시되 내가 그 고관들과 지혜 있는 자들과 도백들과 태수들과 용사들을 취하게 하리니 그들이 영원히 잠들어 깨어나지 못하리라."

신약에서 예수님이 야이로의 딸에게 죽은 것이 아니라 잔다(막 5:39)고 하신 말씀이나, 죽은 나사로를 가리켜 잠들었다(요 11:11)고 하신 말씀에서도 그 맥락을 같이합니다. 바울은 죽음에서 부활하신 예수님은 잠자는 자들의 첫 열매가 되셨다(고전 15:20)고 했습니다. 이것은 죽은 자들과 살아 있는 자들의 영역이 엄격히 구분됨을 의미함과 동시에 가톨릭의 연옥설과 같은 개념을 꺼낼 수 없음을 알려줍니다. 바울은 하나님의 시간 개념을 가지고 '갑자기', '순식간'(고전 15:52) 잠자는 자들이 부활할 것이라고 말합니다. 마지막 날은 주의 날이요, 하나님의 시간은 영원한 현재입니다. 하나님의 시간 속에서는 모든 것이 현재적입니다. 그러므로 천 년이 한순간과 같다고, 죽은 자들은 영원한 하나님의 시간 속에 있고 그들은 하나님의 영원한 현재 속에 있다고 말씀합니다.

> 막 5:38-39 "38 회당장의 집에 함께 가사 떠드는 것과 사람들이 울며 심히 통곡함을 보시고 39 들어가서 그들에게 이르시되 너희가 어찌하여 떠들며 우느냐 이 아이가 죽은 것이 아니라 잔다 하시니."
> 요 11:11-13 "11 이 말씀을 하신 후에 또 이르시되 우리 친구 나사로가

잠들었도다 그러나 내가 깨우러 가노라 12 제자들이 이르되 주여 잠들었으면 낫겠나이다 하더라 13 예수는 그의 죽음을 가리켜 말씀하신 것이나 그들은 잠들어 쉬는 것을 가리켜 말씀하심인 줄 생각하는지라."

고전 15:20-22 "20 그러나 이제 그리스도께서 죽은 자 가운데서 다시 살아나사 잠자는 자들의 첫 열매가 되셨도다 21 사망이 한 사람으로 말미암았으니 죽은 자의 부활도 한 사람으로 말미암는도다 22 아담 안에서 모든 사람이 죽은 것 같이 그리스도 안에서 모든 사람이 삶을 얻으리라."

고전 15:51-53 "51 보라 내가 너희에게 비밀을 말하노니 우리가 다 잠 잘 것이 아니요 마지막 나팔에 순식간에 홀연히 다 변화되리니 52 나팔 소리가 나매 죽은 자들이 썩지 아니할 것으로 다시 살아나고 우리도 변화되리라 53 이 썩을 것이 반드시 썩지 아니할 것을 입겠고 이 죽을 것이 죽지 아니함을 입으리로다."

『마지막 사진 한 장』이라는 책은 독일의 전문 사진작가와 저널리스트가 호스피스 병원에서 죽음을 기다리는 23인의 환자들을 만나 기록한 것입니다. 특히 죽음 후의 사진들은 죽음의 의미를 성찰하며 순간의 소중함을 깨닫게 해 유럽에서 웰다잉의 의미를 환

라코타, 『마지막 사진 한 장』, 웅진지식하우스(2008)

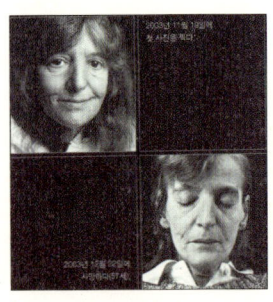

첫 사진과 사망 후의 사진

기시키기도 했습니다. 삶의 마지막 순간, 그리고 죽은 후 나는 어떤 얼굴을 하고 있을지 생각해 보셨나요? 사랑하는 이들 앞에 보일 나의 마지막 얼굴, 모습은 어떤 모습이었으면 좋을까요?

둘째, 죽음 이후의 중요한 표상은 '그리스도와의 친교' 상태입니다. 바울은 죽은 자들이 그리스도와의 친교 안에 있는 것으로 생각했고, '그리스도 안에'라는 말을 살아 있는 자들과 죽은 자들을 포괄해서 사용합니다(살전 4:16). 예수 그리스도는 죽은 자들과 살아 있는 자의 주시며, 죽음도 그리스도인을 그리스도 예수 안에 있는 하나님의 사랑에서 결코 분리시킬 수 없습니다(롬 8:38). 죽음과 함께 인간이 무로 돌아가는 것이 아니라, 그리스도의 주권과 교통 속으로 들어가 그의 주권 아래 있게 됨을 말씀합니다. 예수 그리스도의 완전한 다스림 가운데 있는 것입니다. 그래서 그리스도는 살아

있는 자들과 죽은 자들의 주님이십니다(롬 14:9).[6]

> 살전 4:16-17 "16 주께서 호령과 천사장의 소리와 하나님의 나팔 소리로 친히 하늘로부터 강림하시리니 그리스도 안에서 죽은 자들이 먼저 일어나고 17 그 후에 우리 살아 남은 자들도 그들과 함께 구름 속으로 끌어 올려 공중에서 주를 영접하게 하시리니 그리하여 우리가 항상 주와 함께 있으리라."
>
> 롬 8:38-39 "38 내가 확신하노니 사망이나 생명이나 천사들이나 권세자들이나 현재 일이나 장래 일이나 능력이나 39 높음이나 깊음이나 다른 어떤 피조물이라도 우리를 우리 주 그리스도 예수 안에 있는 하나님의 사랑에서 끊을 수 없으리라."
>
> 롬 14:7-9 "7 우리 중에 누구든지 자기를 위하여 사는 자가 없고 자기를 위하여 죽는 자도 없도다 8 우리가 살아도 주를 위하여 살고 죽어도 주를 위하여 죽나니 그러므로 사나 죽으나 우리가 주의 것이로다 9 이를 위하여 그리스도께서 죽었다가 다시 살아나셨으니 곧 죽은 자와 산 자의 주가 되려 하심이라."

미국의 포레스트 론 메모리얼 파크(Forest Lawn Memorial Parks)는 허버트 이튼(Hubert Eaton) 박사에 의해 조성되었습니다. 그는 대부

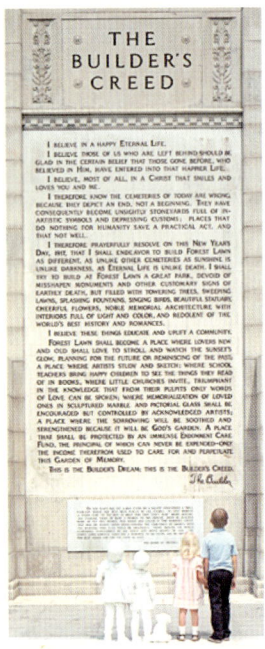

설립자의 신앙고백(The Builder's Creed)

포레스트 론 메모리얼 파크 입구

분의 묘지가 흉한 돌무더기와 우울한 문화의 상징이 되어버린 것을 안타깝게 생각했습니다. 그래서 묘지가 '하나님의 정원'이 되기를 소망했고, 햇빛이 어둠과 같지 않고 영원한 생명은 죽음과 같지 않듯 구원에 대한 확고한 믿음을 줄 수 있는 기독교 신앙을 반영한 새로운 공간을 구성했습니다. 그래서 오랜 전통으로 내려온 수직 묘석을 배제하고 판 모양의 평면 위패로 바꾸었습니다. 또 흉한 기념물이나 죽음의 징후가 없는 큰 공원 특히 우뚝 솟은 나무, 잘 다듬어진 잔디밭, 생동하는 분수, 아름다운 조각상, 그리고 기념 건축물과 예배당으로 구성된 공간을 만들었습니다. 그는 젊은 연인이 미래에 대한 계획을 세우고,

오래된 연인은 과거를 즐겁게 회상하며 산책하고, 교사들과 아이들이 그림을 그리고 예술을 경험하는 장소, 하나님과의 깊은 친교를 몸으로 경험할 수 있는 그런

야외 벽화

곳을 만들고 싶었습니다. 그렇게 신앙 안에서 죽은 자는 물론이고 추모객들이 함께 휴식할 수 있는 밝은 공간을 만들었고 그곳은 지역 주민들의 사랑받는 관광명소가 되었습니다.

한국에도 이와 같은 취지로 만들어진 시설로 에덴낙원 메모리얼 리조트(Eden Paradise Memorial Resort)가 있습니다. 슬프고 어두운 곳이 아닌 천국을 소망하는 이들, 천국에서 다시 만날 이들의 밝은 안식처를 지향하여 조성한 공간입니다. 아름다운 자연 속에서 쉼을 누리며 평안한 가운데 안식과 회복을 경험할 수 있도록 넓은 테마 가든과 유럽형 건물의 가족 호텔, 이탈리안 레스토랑과 아름다운 카페 및 도서관, 가족 모임을 위한 미팅룸과 연회홀 등의 시설을 통해 가족이 함께할 수 있는 공간, 살아 있는 사람과 먼저 부름을 받은 사람이 함께하는 공간으로 만들었습니다. 특히 여러 교회들이 공유할 수 있는 공간으로 한 것과 지역민들이 찾아올 수 있는

▎ 부활교회

자연스러운 공간을 만든 것은 그리스도인이 가지는 죽음에 대한 밝은 이미지 때문에 가능합니다.

    예수 그리스도 안에 있는 하나님의 사랑은 죽음조차도 끊을 수 없다고 로마서 8장 38절은 말씀합니다. 죽음도 그리스도인을 하나님의 사랑에서 분리시킬 수 없다는 말씀입니다. 그리스도와 함께 죽은 그리스도인의 생명은 그리스도와 함께 하나님 안에 감추어져 있고(골 3:3), 죽은 이들에게도 복음이 선포됩니다(벧전 4:6). 죽은 이들은 그리스도의 친교 안에, 하나님의 사랑 안에 있으며, 하나님의 구원의 역사 안에 있습니다(히 12:1). 따라서 죽음은 삶의 마지막이 아니라, 그리스도와 함께하는 삶의 시작을 의미합니다. 죽음 이후 그리스도인은 아브라함의 품에 있는 나사로와 같이 하나님의 보호하심 가운데 있게 됩니다. 그러므로 우리가 구해야 할 것은 단지 이 땅의 것이 아니라 위의 것, 죽음 이후의 영원한 삶에 있음을 기억해야 합니다. 골로새서 3장 1-3절의 말씀입니다. "1그러므로 너희가 그리스도와 함께 다시 살리심을 받았으면 위의 것을 찾으라 거기는 그리스도께서 하나님 우편에 앉아 계시느니라 2위의 것을 생각하고 땅의 것을 생각하지 말라 3이는 너희가 죽었고 너희 생명이 그리스도와

■ 부활소망안식처

■ 글라스 하우스

■ 가족 호텔 본동과 카펫 가든

함께 하나님 안에 감추어졌음이라."

> 벧전 4:5-8 "5 그들이 산 자와 죽은 자를 심판하기로 예비하신 이에게 사실대로 고하리라 6 이를 위하여 죽은 자들에게도 복음이 전파되었으니 이는 육체로는 사람으로 심판을 받으나 영으로는 하나님을 따라 살게 하려 함이라 7 만물의 마지막이 가까이 왔으니 그러므로 너희는 정신을 차리고 근신하여 기도하라 8 무엇보다도 뜨겁게 서로 사랑할지니 사랑은 허다한 죄를 덮느니라."
>
> 히 12:1-2 "1 이러므로 우리에게 구름 같이 둘러싼 허다한 증인들이 있으니 모든 무거운 것과 얽매이기 쉬운 죄를 벗어 버리고 인내로써 우리 앞에 당한 경주를 하며 2 믿음의 주요 또 온전하게 하시는 이인 예수를 바라보자 그는 그 앞에 있는 기쁨을 위하여 십자가를 참으사 부끄러움을 개의치 아니하시더니 하나님 보좌 우편에 앉으셨느니라."

그리고 이처럼 살아 있는 이들과 죽은 이들이 그리스도의 교통 안에 있으므로 죽은 이들을 잊어버릴 수 없습니다. 그것은 죽은 이들을 위한 음식상을 마련하라는 것이 아니라, 죽은 이들을 기억하는 중에 그 신앙의 유산을 이어가야 함을 의미합니다. 그래서 하나님의 긍휼과 하나님의 의가 온전히 이루어짐을 확증해야 한다는 것입니다. 죽음과 함께 인간은 무로 돌아가는 것이 아니라 그리스도의 주권과 교통 속으로 들어가며, 그리스도인은 죽음과 함께 시간과 공간의 제약을 벗어나 그리스도와의 영원한 교통과 친교 속으로 들어갑니다. 그리고 결국에는 살아 있는 이들과 함께 그리스도와의 친교 속에 머물게 됩니다.

4. 그리스도와의 깊은 친교 속으로

오늘날 의학적인 죽음과 관련해 근사체험에 대한 보고들이 이어지고 있습니다. 사망 후에도 의식이 지속되는 일이 여러 과학적, 의학적 연구들을 통해 밝혀지고 있습니다. 그것은 죽음에 대한 공포를 약화시키고 죽음을 앞둔 사람에게나 유가족에게 위로를 제공하기도 합니다. 일반적으로 우리가 말하는 죽음은 죽은 사람이 도저히 더 이상 다시 깨어날 수 없는 궁극적 죽음, 생물학적 의미의 총체적 죽음을 가리킵니다. 그래서 근사체험들은 죽음의 극단적 가까움 속에서 가졌던 경험들이라고 이해할 수 있을 것 같습니다. 따라서 이 경험들은 삶과 죽음 사이의 한계 상황으로부터 돌아온 경험들의 연장이므로 죽음 이후의 영원한 생명의 세계에 대한 경험들로 인정하기는 어렵다고 생각됩니다.

　성경에서 죽음은 완전한 정지, 완전한 마감을 의미합니다. 그리고 그 이후에는 하나님의 보호하심 가운데 있으며 영원한 생명을 얻게 됨을 말씀합니다. 그럼에도 구체적인 것을 알기에는 인간의 지식에 한계가 있음도 깨닫습니다. 죽음 이후의 삶의 모습에 대한 표상을 통해 알려주는 것은 가톨릭에서 말하는 연옥과 같이 살아 있는 이들이 죽은 이들을 위해 무엇인가 해줄 것이 전혀 없음을 기억해야 합니다. 동시에 그리스도께서 자기의 목숨을 바쳐 우리의 구원을 위해 충분히 행하셨으므로 산 자나 죽은 자나 다 이제 그리스도와의 친교 속에 있음을 분명히 알게 됩니다. 이 땅에서의 인간으로서 누리는 삶은 단 한 번밖에 없음을 의식하고 귀중한 시간으로 보내야 함을 잊지 말아야 합니다.

미주

1) 랍 몰, 『죽음을 배우다』, IVP(2014), pp. 64-65.
2) 엘리자베스 퀴블러 로스, 『사후생』(*On life after death*), 대화문화아카데미(1996), pp. 22-23.
3) 김건열 외, 『의사들, 죽음을 말하다: 죽음 준비를 위한 세 의사들의 대담』, 북성재(2014), pp. 104-105, 201-202.
4) Ibid., p. 105.
5) 김균진, 『죽음의 신학』, pp. 355-356.
6) Ibid., pp. 218-221.

06

상실수업

행복
웰다잉 *Well-Dying* 에서
배우다

· 06 ·

상실수업

 베토벤이 귀머거리가 되었을 때, 그는 누군가와 대화하기가 어려워 괴로웠습니다. 하루는 친구의 아들이 죽었다는 소식을 듣고 슬픈 마음으로 달려갔지만, 어떤 위로의 말을 해야 할지 몰랐습니다. 그러다가 그는 방에 있는 피아노를 보고는 자기의 마음을 담아 30분간 연주한 다음 말없이 돌아갔습니다. 그런데 이후 그 친구는 베토벤을 통해 큰 위로를 받았다고 술회했습니다. 가까운 사람의 죽음만큼 고통스러운 것도 없습니다. 상실의 고통을 극복하는 법을 배우고, 상실의 고통 중에 있는 사람을 잘 도와줄 방법을 배우는 것이야말로 꼭 듣고 배워야 할 인생수업입니다.

신조어 '펫로스 증후군'(Pet loss syndrome)은 가족처럼 사랑하는 반려동물이 죽은 뒤에 경험하는 상실감과 우울증을 말합니다. 주로 나타나는 증상은 좀 더 잘 돌보지 못했다는 죄책감, 반려동물의 죽음 자체에 대한 부정, 반려동물의 죽음의 원인인 질병이나 사고에 대한 분노, 그리고 슬픔의 결과로 오는 우울증 등이라고 합니다. 세르주 치코티와 니콜라 게갱이 공저한 『인간과 개, 고양이의 관계 심리학』(책공장더불어, 2012)은 인간과 동물이 서로에게 미치는 영향에 관한 248가지 심리 실험에 대한 내용인데, 저자는 반려동물이 죽었을 때 남자들은 가까운 친구를 잃었을 때와 같은 고통을, 여자들은 자녀를 잃었을 때와 같은 고통을 느낀다고 설명합니다. 상실의 고통은 이루 헤아릴 수 없는 큰 아픔입니다.

1. 상실의 슬픔을 경험하는 이들

2014년에 있었던 군대폭행사건인 '윤일병 사건'은 우리 사회에 큰 충격을 주었습니다. 특히 그의 어머니가 겪었을 고통은 다 설명할 수가 없습니다. 어머니와의 인터뷰에는 죽은 아들에 대한 미안함과 감당하기 어려운 고통이 그대로 드러나고 있었습니다. 윤일병 어머니는 인터뷰에서 이렇게 말했습니다.

> "4월 5일에 면회 간다고 전날 전화했을 때 '엄마, 4월은 안 돼'라고 네가 말했었지. 그때 미친 척하며 한 번이라도 부대를 찾아갔더라면 어땠을까. 면회가 안 된다는데, 찾아가면 너에게 불이익이 갈까 봐 참았다. 바보 같은 엄마를 용서해다오."[1]

에드바르 뭉크(Edvard Munch)는 종종 죽음의 슬픔을 경험한 사람들의 모습을 자신의 미술 작품을 통해 그대로 보여줍니다. 뭉크는 어린 시절 두 사람의 죽음을 겪었습니다. 다섯 살의 어린 나이에 어머니가 죽었는데, 이때 겪은 큰 상처와 고통을 '죽은 어머니와 어린이'에서 찾아볼 수 있습니다. 침대 위에 죽은 어머니가 누워 있고, 그의 누이 소피가 그림을 보는 사람을 등지고 있음에도 얼굴이 보이도록 그렸습니다. 불쌍한 이 소녀의 얼굴은 공포에 사로잡혀 하얗게 질려 있는데, 그 모습을 그대로 볼 수 있도록 그린 것입

'죽은 어머니와 어린이'(The dead mother and the child), 에드바르 뭉크(1899)

'절규'(Skrik), 에드바르 뭉크(1895)

니다. 뭉크의 대표적 작품인 '절규'에 나오는 그 표정 그대로입니다. 그리고 이 그림의 소피도 15세가 되던 해에 죽는데, 그때 뭉크의 나이는 14세였습니다. 그가 예술가로 처음으로 그린 그림이 바로 소피의 병상이라고 합니다.[2]

'임종의 침상'은 소피가 죽던 날의 장면입니다. 그런데 이상한 것은 뒤쪽에 놓여 있는 침대에 소피가 누워 있어야 할 텐데, 그녀의 모습이 보이지 않습니다. 진중권은 『춤추는 죽음 Ⅱ』에서 이것이 오히려 작품의 표현력을 더욱 강화시키고, 소피가 모습을 감춤으로써 죽은 소피보다 식구들의 심리적 충격을 전면에 부각시켰다고 설명합니다. 의사로서 딸을 먼저 보내야 했던 아버지의 안

'임종의 침상'(Death in the Sickroom), 에드바르 뭉크(1893)

타까운 기도, 그 앞에서 몸을 가누지 못하고 의자를 붙잡고 있는 이모, 충격을 받은 듯 멍한 표정을 하고 있는 누이 라우라, 그 뒤로 고개를 숙인 뭉크, 그리고 슬픔을 참지 못해 방을 떠나는 동생이 보입니다. 뭉크는 소피가 죽던 날의 풍경뿐만 아니라, 가족들이 겪는 마음의 고통과 아픔을 그대로 묘사하고 있습니다. 특히 그림 속의 식구들을 다 자란 성인으로 묘사해 과거와 현재를 뒤섞음으로써 소피의 죽음을 세월이 흘러도 절대 아물지 않을 아픈 사건으로 기억하고 있음을 표현하고 있습니다. 상실의 아픔을 겪은 이들이라면 누구라도 공감할 그런 장면입니다.

토드 헤슬러(Todd Heisler)의 작품 '그와의 마지막 밤'이란 사진은 2006년 퓰리처상을 받은 보도사진으로, 가까운 이들의 죽음으로 인해 고통받는 사람의 모습을 잘 나타냅니다. 성조기를 두른 관을 군인들이 지키고 있고 한 여인이 관 옆에 침대를 놓고 엎드려 있습니다. 이라크 전쟁에서 전사해 주검으로 돌아온 남편의 관과 그 옆에서 마지막 밤을 보내고 있는 아내의 모습입니다. 아내는 내일이면 땅에 묻힐 남편의 관 옆에 누워 그가 생전에 좋아했던 노래를 들으며 남편과의 마지막 밤을 보냈다고 합니다. 갑작스레 찾아온 남편의 죽음을 애도하고 이별을 준비하기 위해 아내는 이런 방법을 택했던 것입니다.[3]

죽음에 대한 고통과 아픔은 단지 그와 직접적으로 관련된 당사자만이 아니라 사회적으로도 큰 영향을 끼칩니다. 2014년을 대표하는 사건이라고 할 수 있는 세월호 사건이 그것을 보여줍니다. 뉴스의 내용에서 그것을 확인할 수 있습니다. 대한신경정신의학회는 세월호 사고 여파로 국민의 정신건강이 위협받고 있는 것과 관련, 국민과 언론 및 정부에 대한 당부의 메시지를 발표했습니다. 세월호 참사 여파로 인해 희생자의 유가족들이 잇따라 자살을 시도하는가 하면 자원봉사에 참여한 40대 남성이 스스로 목숨을 끊는 사건이 벌어지면서 국민의 정신건강이 위협받고 있다는 것이었습니다. 대한신경정신의학회는 "자살 예방을 위해서는 가까운 사람이 자살에 대해 이야기할 때 지나치지 않고 경청함으로써 고통스러운 감정을 드러낼 수 있게 하는 것이 중요하다"며 "정신건강이 흔들리고 있는 가까운 이웃들에게 관심을 가져달라"고 당부했습니다.[4]

▌ 세월호 침몰 해역에서 가까운 진도 팽목항

2. 가까운 사람의 죽음이 미치는 영향

'베르테르 효과'(Werther effect)라는 것이 있습니다. 자신의 이상형이나 사회적 영향력이 큰 유명인이 자살한 경우 그것을 모방한 일반인의 자살시도나 자살률이 급증하는 현상을 말합니다. 괴테의 『젊은 베르테르의 슬픔』(1774)이 유럽 전역에서 선풍적인 인기를 끌었을 당시 주인공 베르테르를 따라 자살한 젊은이가 급증한 데서 따온 말입니다. 이렇듯 누군가의 갑작스러운 죽음은 주변 사람들에게 적잖은 충격과 슬픔으로 다가옵니다. 가족에게는 더욱 그렇습니다. 죽음이나 자살이 미치는 사회적인 영향력, 파장의 크기가 어떠한지 쉽게 가늠할 수 있습니다.

워윅대학교 경제학과 앤드류 오스왈드(Andrew Oswald) 교수는 독특한 연구를 했습니다. 그는 여러 가지 요소에 따라 매겨지는 생명의 가치를 화폐단위로 계산할 수 있다고 하면서, '죽음, 행복 그리고 손해배상의 수치화'라는 논문을 2007년 발표했습니다. 이 논문에 의하면 부모, 자녀, 배우자의 사망에 따른 정신적 고통을 수치로 나타냈을 때 배우자가 가장 높게 나타났습니다. 사망 이전 느꼈던 행복을 회복하기 위한 금전적 보상으로 배우자는 약 2억 1천만 원, 자녀는 약 1억 1천만 원, 부모는 2천 7백만 원으로 나타났습니다. 가까운 사람의 죽음을 돈으로 환산한다는 것이 가능할까 싶은데, 그는 이 연구의 목적이 정신적 고통, 사망 이전 느꼈던 행복을 회복하는 데 필요한 금전적 보상에 있어서 법원의 판단을 도울 수 있는 정보를 제공하기 위한 것이라고 설명했습니다. 이러한 연구들은 죽음의 고통이 주변 사람들과 사회에 얼마나 큰 영향을 끼치는지를 다시금 확인하게 합니다.

사별의 고통을 감당해야 하는 유족에게서 나타나는 주된 반응은 사랑하는 이의 죽음에 대한 부정과 더 잘 돌보지 못한 자신에 대한 자책, 그리고 다른 사람에 대한 비난 등입니다. 주변 사람에게 동정을 받는 것이 불편하고 고인이 없는 상황에서 평범한 일을 영위한다는 것이 미안해서 자신을 스스로 사회적으로 격리시키고 은둔하는 사람도 있습니다. 전문가는 유족이 다시 정상적인 생활로 복귀하는 길은 충분히 슬퍼하고 적절한 애도 과정을 거치는 데 있다고 합니다. 그래서 한국죽음학회에서 발간한 『한국인의 웰다잉 가이드라인』에서 사별 가족이 겪는 단계와 극복 방법을 소개해 주고 있습니다.[5]

사별 초기 단계는 '충격과 좌절 단계'로 보통 1-2개월간 이어지는데, 고인의 죽음을 받아들이지 못하거나 믿지 못하는 멍한 상태로 있게 됩니다. 고인의 죽음에 대해 책임이 있다고 생각하는 누군가를 향해 분노하거나 자기 자신을 자책하기도 합니다. 감정 조절이 어려워 예민하게 반응하거나 무기력증, 급성 쇼크, 불면증 등의 신체적 이상이 나타날 수도 있습니다. 이 시기에는 현실을 수용하는 것이 중요합니다. 고인의 죽음을 받아들이고 신체적 이상 증상도 일시적인 것으로 자연스럽게 받아들여 몸과 마음이 원하는 대로 내버려 두는 것이 좋습니다. 이 시기에는 현실을 수용하는 것이 제일 중요합니다.

사별 중기 단계는 '고독과 우울 단계'로, 충격과 좌절의 초기 단계가 지나 고인의 부재를 체감하는 고독과 우울의 상태에 빠지게 됩니다. 사람들과 함께 있는데도 외로움과 슬픔을 느끼고 심지어 자살을 생각할 정도로 삶의 의욕을 잃기도 합니다. 이로 인해 직장생활이나 사회생활에 문제가 생기기도 하고 신체적으로 면역력이 떨어져 각종 질병에 노출되기도 합니다. 이 시기는 비교적 길어 1년 정도 지속될 수도 있는데, 그 이상 길어진다면 전문가의 상담을 받는 것도 좋습니다. 누군가의 도움이 필요하다는 것을 인정하고 사람들과의 만남과 교류를 통해 극복하는 것이 좋습니다.

사별 극복 단계는 '수용과 적용 단계'로, 충분히 슬퍼하고 고통을 감추지 않고 표현하는 그 동안의 과정을 통해 차츰 슬픔을 극복하게 됩니다. 사랑하는 사람이 죽었다는 사실을 받아들이고 수용하는 단계입니다. 사별의 고통이 점차 줄어들고 고인이 없는 삶에 익숙해지며 예전의 일상으로 서서히 돌아가는 단계입니다.

3. 더 깊은 위로를 향하여

제프리 뉼린은 '너의 무덤 곁에 서서'라는 설교에서 슐라이어마허, 코핀, 클레이풀의 설교를 인용해 죽음의 고통에 대해 설명합니다. 삶의 근간이 송두리째 흔들리는 경험 앞에 있는 사람에게 때로 위로한다는 말이 오히려 더 깊은 실망과 고통을 주기도 한다고 하면서 다음 세 가지 경우를 들어 진정한 위로에 대해 생각하게 합니다.[6]

첫째, '울지 마라! 세상을 일찍 떠난 아이들은 이 세상에서의 어려움과 유혹들에서 구출되어 먼저 천국으로 간 것이다.' 이런 식의 위로는 종종 천국을 여러 가지 다복스러운 이미지로 생각하고 그곳의 긍정적인 부분을 극단적으로 강조할 때 나타납니다. 그러나 이런 식의 말은 실제로 자녀를 잃은 슐라이어마허에게는 아무런 위로가 되지 못했고, 오히려 더 많은 질문만 일으킬 따름이었다고 합니다.

둘째, '하나님의 뜻이 있겠지.' 이것은 어떤 일이든 하나님의 뜻으로 받아들이고 체념해야 한다는 것으로 들릴 수 있습니다. 이러한 방법은 고대로부터 내려온 지혜이긴 하지만, 클레이풀은 이것이 스토아적인 지혜일 뿐 기독교적인 것이 아님을 지적하였다고 인용합니다. 기독교는 하나님을 비인격적인 어떤 힘이라고 가르치지 않기 때문입니다. 하나님은 힘 그 이상의 존재이며 사랑이십니다. 추상적이고 비인격적인 방식으로 하나님께 가까이 가려는 어떤 시도도 하나님의 존재를 인격적으로 경험하는 데에 아무런 도움이 되지 않는다고 설명합니다.

셋째, '막연한 대답과 피상적인 위로, 특히 모범 답안같이 정확한 성구를 들먹거리며 위로하는 것'입니다. 그러나 상실의 아픔은 가볍고 피상적인 몇 마디 위로의 말로 간단히 해소되기에 너무나도 큽니다. 이런 아픔을 해결해 줄 손쉬운 답을 가지고 있는 사람은 아무도 없습니다. 우리가 슬픔을 해결해 내는 길은 그 과정을 지나는 것입니다. 시간이 모든 것을 해결합니다. 죽음이란 경험은 하나님의 부재와 다를 바가 없다는 사실을 정직하게 인정해야 합니다. 그것을 부인하는 것은 경건한 거짓말에 불과하며 이것은 누구의 말도 들을 수 없게 합니다. 그러나 공허와 절망의 현실과 죽음의 무의미함을 인정하게 될 때 비로소 자신이 처한 어둠 속에 무언가 존재한다는 사실을 인정할 준비를 할 수 있게 된다고 우리에게 알려줍니다.

상실의 고통 한가운데 있을 때 하나님도 우리와 함께 고통받으신다는 것을 믿음으로 받아들이고 고백함으로써 깊은 위로를 경험하게 됩니다. 또 고통으로부터 도망치고 싶고, 상대방의 불평을 차단하고 싶고, 상투적인 이야기들로 너무 빨리 반응하고 싶은 마음을 진정시킬 수 있다면 상대방의 고통과 슬픔에 귀기울이는 중에 하나님의 사랑을 보여줄 수 있습니다. 어떠한 형태로든 성급하게 의미를 설명하려 들지 말아야 합니다. 왜냐하면 슬픔을 헤쳐 나가기 위해서는 응답되지 않은 질문들을 견뎌낼 수 있는 힘이 필요하기 때문입니다.

'죽은 그리스도를 애도함'(Lamentation over the Dead Christ), 귀도 마조니(Guido Mazzoni, 1450-1518)

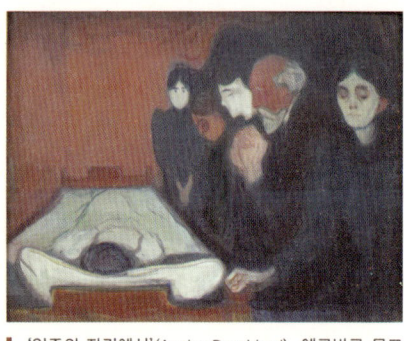
'임종의 자리에서'(At the Deathbed), 에르바르 뭉크 (1895)

『나니아 연대기』(The Chronicles of Narnia)의 작가요 최고의 기독교 변증가인 C. S. 루이스(C. S. Lewis)는 조이 그래샴을 만나 사랑에 빠지는데, 그녀는 이미 악성 골수암을 앓고 있었습니다. 루이스는 그녀의 병을 알고도 결혼을 했고 죽어가는 그녀를 바라보며 아름답고 고통스러운 시한부 사랑을 나누게 됩니다. 58세에 결혼해서 4년간의 부부생활을 하고 그의 아내는 45세에 세상을 떠납니다. 그는 아내의 죽음 이후 정말 크나큰 슬픔을 겪었습니다. 하지만 그는 그때의 경험을 통해 질문을 지니고 살아갈 수 있는 기간과 슬픔을 헤쳐 나갈 수 있는 기간이 주어진다면, 이제는 믿음을 온전히 재확인해 나갈 수 있을 것이라고 하였습니다. 이러한 상실의 아픔을 솔직하게 써 내려 간 『헤아려 본 슬픔』(*A Grief Observed*)을 그는 이렇게 끝맺습니다.

> "H(아내 조이를 일컫는 약칭)는 내가 아닌 신부님에게 이렇게 말했다. '저는 하나님과 더불어 평화롭습니다.' 그녀는 미소 지었으나 그 미소는 나를 향한 것이 아니었다. 그리고 그녀는 영원한 샘으로 돌아갔다."[7]

이 책의 이야기는 '새도우랜드'(Shadowlands, 미국, 1995)라는 영화로 만들어집니다.

4. 내가 당신과 함께 있습니다

우리는 서로가 서로를 위로하기 위해 존재함을 기억해야 합니다. 헨리 나우웬은 『영혼의 양식』(두란노, 2009)에서 이렇게 말합니다.

"위로는 아름다운 말입니다. 이 말은 '외로운 사람'과 '함께함'을 의미합니다. 사람을 위로하는 것은 마음을 쓰며 돌보는 일 중 가장 중요한 것입니다. 위로라는 것은 고통을 가져가 버리는 것을 의미하는 것이 아닙니다. 오히려 그것은 함께 있으면서, '당신은 혼자가 아닙니다. 내가 당신과 함께 있습니다. 우리는 함께 고통을 감당할 수 있습니다. 두려워하지 마십시오. 내가 여기 있습니다'라고 말하는 것을 뜻합니다."[8]

미국 제41대 대통령 조지 부시가 89세 당시 머리를 빡빡 민 채로 가운데 앉아 있고, 그 옆에 역시 까까머리인 두 살배기 아이와 머리를 민 어른들이 웃고 있는 사진을 본 적이 있습니다. 이 아이 패트릭은 부시가 대통령이었을 때 그를 모셨던 비밀 경호원의 아들이었다고 합니다. 당시 백혈병에 걸린 패트릭이 치료를 받으면서 머리카락이 모두 빠지자, 아빠의 옛 동료 경호원들은 모두 삭발을 하고 투병을 돕는 모금에 나섰습니다. 그리고 그들의 보스였던 전직 대통령이 이 모금에 힘을 보태고 아이에게 용기를 주려고 머리를 깎았다는 것입니다. 사진 속 부시 대통령의 모습은 영락없이 마음씨 좋은 동네 할아버지였고, 그러한 그의 모습은 고통 중에 있는 많은 사람에게 큰 위로를 주었습니다.

'위로'(consolation), 킨들러(A. Kindler, 1871)

한국 다큐멘터리 영화로 가장 빨리 관객 수 200만 명에 도달한 흥행기록을 세운 영화, '님아, 그 강을 건너지 마오'(My Love, Dont Cross That River)는 강원도 횡성군 시골 마을에 살고 계시던 강계열 할머니와 조병만 할아버지의 76년간 이어진 사랑 이야기입니다. 이 영화를 보는 내내 그 긴 세월을 함께 살아오며 나이가 들어서도 여전히 젊은 연인들처럼 미소를 가득 머금고 장난도 치며 서로를 생각하고 배려하며 아끼는 모습이 큰 감동을 줍니다. 두 분은 서로에 대한 고마움과 감사를 매순간마다 표현하는데, 그 깊은 사랑은 헤어짐의 슬픔을 이기는 삶의 원동력이 됩니다. 할아버지를 떠나보내고 할머니는 공허함을 다 채우지 못해 무덤 앞에서 떠나지 못합니다. 누구라도 그렇듯이 상실의 고통 앞에서 흔들렸습니다. 그러나 곧 그 동안 쌓이고 쌓였던 두 분의 사랑은 그 슬픔을 새로운 삶의 자리로 이끕니다. 헤어졌지만 영원히 함께하는 사랑의 끈이 할머니에게 새 힘을 준 것입니다. 사랑만이 상실의 아픔을 이기는 유일한 치료제임을 깊이 느끼게 해줍니다.

우리는 서로에게 위로를 주는 존재입니다. 우리의 위로가 당장 문제를 해결해주는 것은 아니지만, 서로가 서로에게 주는 위로는 고통을 감당할 힘을 주고 새로운 힘과 용기를 줍니다. 그런 의미에서 우리는 서로에게 위로를 주는 존재이며 사랑함으로 존재할 수 있는 이들입니다. 고린도후서 1장 6절의 말씀입니다. "우리가 환난 당하는 것도 너희가 위로와 구원을 받게 하려는 것이요 우리가 위로를 받는 것도 너희가 위로를 받게 하려는 것이니 이 위로가 너희 속에 역사하여 우리가 받는 것 같은 고난을 너희도 견디게 하느니라."

상실의 슬픔은 단지 작정함으로 잊어버린다거나, 술이나 오락을 통해 해소해 버릴 수 있는 것이 아닙니다. 그것은 누구라도 지나야 하는 하나의 과정으로 혼자만의 힘으로가 아닌 하나님의 사람들의 지지와 격려, 그리고 위로를 통해 감당할 수 있습니다. 참된 위로는 하나님으로부터 오는데, 하나님으로부터 온 위로는 이처럼 함께하는 이들을 통해 흘러갑니다. 고난과 고통까지도 하나님의 경륜 속에 있음을 믿는 중에 내가 이제까지 많은 사랑을 받은 존재임을 깨닫게 되며, 또 누군가를 사랑하는 존재로 살아갈 때 진정한 위로를 경험하게 됩니다. 상실의 슬픔을 이기는 더 큰 사랑을 내일로 미루지 않고 오늘 나눌 수 있는 사람이 세상에서 가장 행복한 사람입니다. 톨스토이의 말처럼 말입니다. "이 세상에서 가장 중요한 시간은 현재이고, 가장 중요한 사람은 지금 내가 대하고 있는 사람이며, 이 세상에서 가장 중요한 일은 지금 내 곁에 있는 사람에게 선을 행하는 일이다."

미주

1) 동아일보(2014. 8. 9)
2) 진중권, 『춤추는 죽음 Ⅱ』, 세종서적(2012), pp. 168-169.
3) KBS생로병사의 비밀 팀, 『오늘이 내 인생의 마지막 날이라면』, 애플북스(2014), p. 183.
4) '세월호 사고 여파 국민 정신건강 적신호'(의협신문, 2014. 5. 14)
5) 한국죽음학회, 『한국인의 웰다잉 가이드라인』, 대화문화아카데미(2011), pp. 106-111.
6) 마이클 부쉬, 『내 아버지 집에 거할 곳이 많도다』, 새물결플러스(2010), pp. 129-146.
7) C. S. 루이스, 『헤아려 본 슬픔』(*A Grief Observed*), 홍성사(2004), p. 106.
8) 헨리 나우웬, 『영혼의 양식』, 두란노(2009), 2월 9일.

에필로그

　내 생의 첫 번째 책이 죽음을 주제로 다룬 책이 될 줄은 생각하지 못했습니다. 이 주제를 한창 연구할 때 이런저런 책을 들고 집에 들어갈 때면, 아이들이 제 손을 유심히 살펴보다가 죽음과 관련된 책인 것을 확인하고는 이구동성으로 이렇게 외쳤습니다. "아빠, 또 죽음이야?" 죽음이 뭔지도 모를 것 같은 아이들이지만 아빠의 관심사에 지대한 관심을 보였습니다. 그래서 요즘 주된 업무가 된 에덴낙원에서 일어나는 일들에 대해서 자세히 묻습니다. 건물이 얼마나 지어졌는지, 어떤 사람들이 방문을 왔는지, 그리고 오늘도 장례식이 있었는지에 대해서요. 그리고 실제로 아이들에게 완공된 에덴낙원을 보여주며 예쁜 가든 이곳저곳에서 같이 사진을 찍고 거닐며 이야기를 했습니다. 멋진 레스토랑에서 같이 식사를 하고 특별한 기억을 선물했습니다. 아마 우리 아이들만큼은 묘지라는 곳이 가기 싫고 불편하며 거북스러운 곳이 아니라, 가장 아름답고 소중하며 귀한 추억이 있는 곳으로 생각할 것입니다. 새로운 경험이 새로운 인식을 주었고 그것은 가장 중요한 배움의 기회를 제공했다고 확신합니다.

우리나라는 죽음과 죽음 이후를 다루는 방식이 너무나도 상업적이라고 생각됩니다. 어쩌면 더욱 아쉬운 것은 죽음에 대한 지식이 없는 것이기도 합니다. 생명을 지키는 것은 가장 고귀한 일이지만, 비싼 의료장비에 의지해 무의미한 연명 치료로 생명을 연장하는 것이 환자에게 어떤 고통을 주는지 또 그것이 가족에게 어떤 의미가 있는지 알지 못합니다. 장례식장의 다양한 서비스는 분명 편의를 제공하지만, 장례식장의 주인공인 고인은 한쪽에 재껴진 그런 인상을 줍니다. 방송만 틀면 볼 수 있는 상조회사 광고는 갑자기 만난 어려운 일에 도움도 주지만, 정성 어린 장례보다 수많은 혜택을 홍보함으로 가입 회원을 늘리는 데 지대한 관심을 둡니다. 그리고 국토 대부분을 덮고 있는 묘지는 초록산에 큰 흠집을 낸 것처럼 보이고 좀처럼 사람들이 찾아갈 이유를 찾기 어려운 곳이 되어버렸습니다. 한참 자연장을 홍보하고 새로운 장묘문화에 대해 알지만 이런 시설들은 다 혐오시설로 몰려 마을에서 거부되고, 좀처럼 찾아가지도 않을 그곳에 고인을 혼자 두고 온 느낌을 지울 수 없습니다. 이러한 오늘의 모습들이 우리가 다시 죽음에 대해 생각하고 질문하며 물어야 할 중요한 이유입니다.

죽음을 생각한다는 것은 일부 철학자들의 정신적 유희나 관련 업계 종사자들만의 문제가 결코 아닙니다. 그것이야말로 바른 방향성을 가지고 보다 높은 가치를 추구하며 진정한 행복을 추구하는 사람들이 해야 할 고민입니다. 그것이야말로 깨끗한 마음으로 우리의 삶을 이끌고 가는 삶의 원동력이며 길잡이가 되기 때문입니다.

첫 번째 책을 내면서 책을 쓴다는 것이 정말 가슴 벅찬 일인 동시에 누군가로부터 평가를 받는 일이라는 생각에 어렵고 떨리는 일이라는 마음이 들었습니다. 정말 선뜻 해내기 힘든 일인 것을 알고는 몇 번을 그만두려 했는지 모릅니다. 그럼에도 죽음에 관해 연구하게 된 상황적 계기와 이와 관련된 에덴낙원에서의 일들은 집필을 끝까지 할 수 있게 하는 중요한 자극제가 되었습니다. 무엇보다 에덴낙원에서 헤어짐의 슬픔 속에서도 새로운 소망 중에 평안함과 위로와 회복을 경험하는 가족들의 모습을 보면서 이 주제야말로 삶을 살아가는 핵심적인 원동력이 됨을 새삼 깨달았기에 여기까지 올 수 있었습니다. 이 책이 죽음에 대한 다양한 주제들에 대한 관심을 여는 통로로, 일상의 삶을 살아가는 지혜를 배우는 좋은 동반자로 작은 역할을 했으면 하는 바람입니다.

부록

-

천국을 소망하는 성도들의 안식처, 에덴낙원

※ 에덴낙원에 대한 자세한 내용은 홈페이지(www.edenparadise.co.kr)나
  인터넷에서 '에덴낙원'을 검색하면 보실 수 있습니다.

    일반적으로 '죽음'이라는 단어는 두려운 것으로 터부시되거나 숨겨야 하는 것으로 여겨졌습니다. 그래서 무덤이나 묘역은 일상의 삶과 구분된 외딴곳에 마련되거나 방치되곤 했습니다. 살아 있는 사람과 죽은 사람을 단절시키고 헤어짐의 슬픔과 절망으로 몰고 가는 삶의 종결의 이미지가 사람들이 가지는 죽음에 대한 일반적인 생각입니다. 하지만 성경은 성도의 죽음은 삶의 종결이나 살아 있는 사람과의 단절이 아니라, 천국으로 가는 새로운 시작이라고 말씀합니다. 고린도전서 15장 20-22절 말씀입니다. "[20] 이제 그리스도께서 죽은 자 가운데서 다시 살아 잠자는 자들의 첫 열매가 되셨도다 [21] 사망이 한 사람으로 말미암았으니 죽은 자의 부활도 한 사람으로 말미암는도다 [22] 아담 안에서 모든 사람이 죽은 것 같

이 그리스도 안에서 모든 사람이 삶을 얻으리라."

그런데 오늘날 성도들조차도 죽음과 장묘문화에 대해 생각 없이 세상의 방식을 따라가거나, 심지어는 기독교적이라고 하지만 실제로는 혼합종교의 형태가 되어버린 관습을 답습하고 있습니다. 어느 곳에서도 성경적인 대안이나 모델을 제시하지 못해 천국으로 가는 새로운 시작인 구별된 성도의 죽음이 철저히 훼손되고 있는 것이 현실입니다. 반면 에덴낙원은 우리 삶에 어두운 곳으로 남아 있는 죽음의 공간을 가장 밝은 안식처로 변화시키는 곳입니다. 천국을 준비하는 모든 성도를 위한 구별된 곳, 특별히 살아 있는 사람과의 일상이 함께 있는 공간이면서 동시에 고인을 높이며 기억하고 예수 그리스도 안에서 교제하는 신앙공동체의 공간입니다. 어린아이로부터 할아버지와 할머니, 모든 세대가 함께 신앙에 대해 이야기하며 아름다운 성도의 교제와 가정의 회복이 있는 곳이 에덴낙원입니다.

성도의 구별된 죽음과 신앙의 유산

에덴낙원은 부활소망의 신앙을 중심으로 성도의 죽음을 성경적으로 신학화한 곳입니다. 먼저 주님의 몸 된 교회를 생각하게 됩

니다. 초대교회의 기독교 박해 시기에 카타콤은 성도들의 무덤이면서 동시에 크리스천들에게 신앙의 구심점 역할을 했습니다. 그것은 죽음이 새로운 삶으로 옮겨가는 과정임을 기억하게 했으며 부활을 기다리며 잠자는 안식처였습니다. 이 부활 신앙은 성도들에게 죽음조차 정복할 수 없는 용기와 확신을 불어넣어 주었고 수많은 박해 속에서도 신앙을 지킬 수 있게 했습니다. 살아서 평생 주님의 몸 된 교회와 함께했듯이 죽어서도 교회와 함께하는 것이야말로 성도의 가장 큰 영광입니다. 기독교의 '좋은 죽음 전통'을 보면 하나님의 부름을 받은 성도와 살아 있는 성도가 교회에서 영원히 함께했습니다. 즉 성도의 교제는 식탁 교제나 소그룹 모임 이상을 의미하는 것으로 생각했습니다. 그래서 부활을 기다리며 무덤에 누워 있는 성도도 교회의 구성원으로 보았고 매주일 함께 하나님을 예배하며 기억함으로 교제했습니다. 그래서 성도의 시신을 교회 건물 안이나 벽 또는 옆의 묘지에 매장했습니다.

그러나 오늘날은 교회에서 산 자와 죽은 자가 철저히 구분되어 버렸습니다. 교회에서조차도 죽음에 대한 언급은 터부시되고 껄끄러우며 멀리할 것으로만 생각합니다. 결국 교회를 중심으로 성도들이 연합되지 못하고 외부로 흩어지거나, 신앙의 유산이 세대와 세대를 통해 이어지질 못합니다. 하지만 성도는 죽어서나 살아서

나 교회에서 함께할 때 시간과 공간을 초월한 그리스도의 몸인 교회라는 인식을 하게 되며 그 과정에서 부활 신앙은 견고히 자라게 됩니다.

그리고 성도는 죽음을 통해 신앙의 유산을 남겨야 합니다. 살아서나 죽어서나 복음을 증거하는 삶이야말로 거룩한 그리스도인의 사명입니다. 모든 성도의 소망은 순례자로서의 이 땅에서의 삶을 신앙 안에서 잘 마침과 동시에, 비록 좀 부족함이 있었어도 나를 아는 사람이 나를 생각할 때 '예수 믿고 천국에 갔다'는 확신을 주는 것입니다. 그리고 나처럼 예수 믿고 천국에 가야 한다는 말을 가족과 지인에게 하길 원합니다. 그것이 한 알의 밀알로 땅에 떨어져 풍성한 열매를 맺는 신앙인의 삶의 원리입니다. 그러나 오늘날의 무덤은 여러 종교가 혼합된 형태로 신앙의 유산과 가치를 전하기 어렵습니다. 죽음을 통해 복음을 증거하는 삶이야말로 성도의 가장 중요한 기도 제목이며 동시에 가장 생을 잘 마치는 유일한 길입니다.

예수님을 생각함과 종말론적 신앙

성도는 죽음을 통해 예수님을 생각하게 하고 예수님을 보여주어야 합니다. 기독교 신앙의 핵심은 예수 그리스도입니다. 요한복

음 14장 6절 말씀입니다. "예수께서 이르시되 내가 곧 길이요 진리요 생명이니 나로 말미암지 않고는 아버지께로 올 자가 없느니라." 성경을 보면 예수님은 초라한 말구유에서 나셨지만, 십자가에 죽으셨지만, 당신의 시신만큼은 준비된 곳에 묻히셨습니다. 부자 아리마대 요셉의 새 무덤에 구별되어 안치되셨습니다. 예수님은 죽음으로 끝이 아니라, 영광의 몸으로 부활하고 만왕의 왕으로 천국에 가실 것이기 때문이었습니다. 이처럼 성도의 묘지도 죽음으로 끝이 아니라 천국으로 가는 새로운 시작이므로 구별된 곳에 준비되는 것이 중요합니다. 그것은 세상의 부와 명예와 자랑의 시각에서가 아니라, 신앙 안에서 예수님을 보여줄 수 있는 곳이어야 한다는 의미입니다. 빈부와 귀천을 떠나 누구나 함께할 수 있는 곳이며 동시에 예수님의 삶과 죽음, 십자가와 부활, 그리고 다시 오실 재림의 날을 생각할 수 있는 곳에 성도의 무덤이 준비되어야 합니다. 그곳이 가장 귀하고 아름다운 성도의 안식처입니다.

또한 성도의 죽음은 종말론적 신앙의 메시지를 주어야 합니다. 성도의 죽음은 살아 있는 사람, 오늘을 살고 있는 성도로 천국을 생각하고, 천국을 사모하며, 천국에 대한 소망을 품게 해주어야 합니다. 이 세상이 아니라 천국을 말입니다. 그런 의미에서 성도의 죽음은 종말론적 신앙을 회복하는 메시지를 주어야 하며, 묘지는 단

순히 고인을 추모하는 공간 이상의 의미를 담아야 합니다. 종말에 대한 현재적 인식이 이루어질 때, 신앙은 복음적이고 예수 그리스도 안에서 견고해질 수 있습니다. 오늘을 살아가는 자녀들과 성도들의 신앙이 회복되고 복음적인 삶을 살도록 격려하며 깨우는 메시지를 주어야 합니다. 에덴낙원은 종말론적 신앙을 회복하는 장소입니다. 에덴낙원은 살아 있는 사람, 특히 성도들로 천국을 생각하고 천국에 대한 소망을 품게 하는 그런 구별된 곳입니다. 단순히 고인을 추모하는 장묘 공간 이상의 의미를 담고 있습니다. 성도의 신앙이 회복되고 복음적인 삶을 살도록 돕는 역할을 합니다.

에덴낙원은 주님의 몸된 교회와 함께하는 성도의 구별된 곳입니다

에덴낙원의 부활교회에는 '부활소망가든'과 '부활소망안식처'가 있습니다. "나는 부활이요 생명이다"(요 11:27)라는 말씀을 마주치며 부활교회 안으로 들어가면 아름답고 경건한 예배당과 만납니다. 부활교회는 '만민이 기도하는 집'인 교회의 정의대로 누구든지 개인적으로 묵상하며 기도할 수 있는 공간입니다. 더불어 성도의 마지막 장례예식이 진행되는 곳으로 이 안에 있는 것만으로도 하나님이 주시는 평강을 깊이 경험할 수 있습니다. 경건한 음악이 흘

러나오는 가운데 정면의 십자가를 바라보며 묵상 기도를 할 수 있고 고개를 들어 천정을 바라보면 그곳에서도 십자가와 마주하게 됩니다. 그리고 유리로 된 벽면 너머로 푸른 식물이 자라는 것을 보다 보면 주님의 품 안에 있는 편안함을 선물로 경험합니다.

   부활교회에서는 두 가지 형태의 장례예식이 진행됩니다. 하나는 '부활소망가든'에서 이루어지는 산골장입니다. "너는 흙이니 흙으로 돌아갈 것이니라"(창 3:19)는 말씀에 따라 시편 23편의 푸른 초장과 쉴 만한 물가가 그려지는 푸른 잔디로 둘러싸인 고요한 연못 가운데 있는 구별된 제단으로 나아가 고인의 화장한 유골의 골분을 정성껏 뿌려 안장합니다. 측백나무로 울타리 쳐진 이곳에서 하나님의 사랑이 증거된 예수님의 십자가와 우리를 위해 중보기도를 하시는 예수님의 기도하는 손을 바라보며 천국을 향한 새로운 시작을 소망하는 중에 고인을 추모하게 됩니다. 이 공간에 서 있는 것만으로도 경건한 마음으로 주님 앞에 서 있는 우리 자신을 보게 됩니다. 또 하나는 '부활소망안식처'에 마련된 봉안시설에 안치하는 것입니다. 몸이 다시 살고 영원히 사는 것을 믿는 성도의 고백이 있는 가장 밝고 경건한 봉안시설은 천연대리석과 브론즈 커버로 정결하게 준비되어 있습니다. 이곳에서는 후손에게 남기는 하나님의 말씀 앞에서 고인의 신앙의 유산을 마음에 새기게 됩니다.

성도의 죽음을 귀하게 보신다고 하신 하나님의 마음이 그대로 나타나고 있음을 실제적으로 느낄 수 있습니다.

에덴낙원은 공유개념을 바탕으로 한 오늘의 안식이 있는 곳입니다

에덴낙원은 어느 교회든지 회원교회로 가입하면 해당 교회의 교회 장지로 명명되어 이용할 수 있습니다. 교회 장지를 마련하지 못해 고민하는 많은 교회에 큰 도움이 됩니다. 이제까지 한국의 개교회들은 각자 교회 묘지를 준비했습니다. 도심에서 떨어진 곳에 개교회 성도들만이 이용할 수 있는 공간을 마련했습니다. 게다가 요즘 화장문화가 보편화되고 매장을 하기 어려운 상황이 되면서 교회마다 대안을 마련하지 못해 어려움을 겪고 있습니다. 하지만 에덴낙원의 장묘 공간은 어느 교회라도 함께할 수 있는 공유의 공간입니다. 회원교회 가입신청서를 작성하면 교단연합으로 구성된 운영이사회의 결의에 따라 회원교회로 인정되며 별도의 교회예산 부담 없이 에덴낙원을 이용할 수 있습니다. 일정한 인원이 차면 회원교회들의 원활한 사용을 위해 더 이상 신청을 받지 않을 예정입니다. 에덴낙원은 한 교회가 주인인 그런 공간이 아니라, 공공성을 특징으로 하는 공유의 공간입니다.

뿐만 아니라 에덴낙원은 영원한 안식을 향한 오늘의 안식이 있는 곳입니다. 창세기에서 하나님은 천지를 창조하시고 일곱째 되는 날 안식하셨습니다. 예수님은 마태복음 11장 28절에서 "수고하고 무거운 짐 진 자들아 다 내게로 오라 내가 너희를 쉬게 하리라"고 하심으로 참된 안식에 대해 우리에게 말씀해 주셨습니다. 그리스도인은 천국에서 '하나님과 함께하는' 영원한 안식을 소망하며 이 세상에서 순례자로 살아갑니다. 동시에 이 세상에서도 '예수 그리스도 안에서' 주어지는 기쁨과 감사와 찬양과 회복, 쉼과 치유를 경험합니다. 영원한 천국에서 맛볼 참된 안식을 잠시 맛보는 것입니다. 그러한 곳이 바로 이곳 에덴낙원입니다. 성경이 말씀하는 참된 안식을 어떻게 누릴 것인지에 대해 에덴낙원이 해답을 주고 있습니다.

에덴낙원은 자주 찾고 싶고 머물고 싶은 가족을 위한 곳입니다

한국의 경우 대다수의 장묘시설은 일상과 분리된 곳에, 주로 장례식 때, 그리고 그 시설의 이용자만 찾아가게 되어 있습니다. 고인을 모실 수 있는 공간 이외에는 별다른 공간적인 배려가 없기 때문입니다. 그런 의미에서 그런 곳들은 죽음의 부정적인 인식을 경감시켜 주기에는 부족함이 많습니다. 사람이 찾아오기 부담스럽고

어려운 공간이어서 결국 명절을 비롯한 특별한 날만 이용되는 한정된 용도의 닫힌 공간이 되어버릴 수밖에 없습니다. 최근 자연장지에 대한 관심이 높아지는데, 그 이유 중의 하나는 자연장지가 사람들이 머물며 쉴 수 있는 공간이 되기 때문입니다. 이렇게 장묘 공간이 공원화된 시설로 제공되면 누구라도 이용할 수 있는 귀한 공간이 될 수 있습니다. 일상에서 자연스럽게 죽음을 경험하고, 그 가운데 삶의 원동력을 제공해 줄 수 있는 특별한 공간으로서의 기능을 할 수 있습니다.

사람들이 찾고 싶고 머물고 싶은 공간으로 조성한 에덴낙원은 3천여 평의 에덴가든과 도드람산 줄기의 야산, 그리고 공원화된 시설로 오늘의 안식을 경험할 수 있는 곳입니다. 더 이상 봉안시설이 혐오시설이나 기피시설이 아닌, 앞서 간 자와 오늘을 살아가는 자가 함께할 수 있는 공간입니다. 그리고 전체 시설은 유족만이 아니라 시설이 위치한 이천 지역 주민, 그리고 방문한 누구라도 자연을 즐기면서 행복을 느끼고 쉼과 안식을 얻을 수 있습니다. 이탈리안 레스토랑 '세상의 모든 아침', 가든을 앞에 둔 카페 '라파', 전문 차 공간 티하우스 '에덴', 테마 가든 '에덴 가든', 단체 행사와 결혼식이 가능한 홀 '에덴 볼룸'까지 일상의 활동이 이루어지는 다양한 공간을 함께 배치했습니다. 누구라도 자주 찾고 싶고 머물고 싶은 곳입니다.

오늘날 대다수 사람은 평소에 머물던 집안이 아닌 병원에서, 가족과의 교감이 아닌 의료진과 삶의 마지막 순간을 경험합니다. 사람들이 죽음에 대해 두려워하는 것 중의 하나는 이별로 인한 슬픔과 그리움, 그리고 상실에 대한 마음, 가족과 분리된 외딴곳에 따로 떨어진다는 불안한 마음입니다. 무엇보다도 죄의 결과가 죽음이기에 모든 사람은 죽음 앞에서 두려움과 공포를 느낍니다. 그 앞에서는 공허함과 절망감을 느껴 누구라도 피하고 싶어 합니다.

에덴낙원은 단순히 고인을 추모하는 장묘 공간만이 아니라, 모든 성도들이 천국을 생각하는 중에 종말론적 신앙을 회복하는 그런 구별된 곳입니다. 그리스도인에게 죽음은 두렵고 어두운 것이 아니라, 밝은 중에 소망이 되기 때문입니다. 죽음으로 끝이 아니라 그것은 새로운 시작이기 때문이며, 후손들에게 믿음을 선물로 주는 것이기 때문입니다. 자녀와 후손에게 신앙의 유산을 남길 수 있다면, 자녀들이 나를 생각하며 믿음 안에서 귀한 삶을 살았던 분으로 기억한다면 그것만큼 소중하고 아름다운 것이 어디 있겠습니까? 성도의 죽음은 이처럼 소중한 것이며 귀한 것이기에 밝고 소망으로 가득한 것입니다. 신앙이라는 선물을 남기고 세상을 떠나기 때문입니다. 시편 116편 15절은 말씀합니다. "성도의 죽는 것을 여호와께서 귀중히 보시는도다."

참고문헌

-

국내

곽혜원. 『존엄한 삶, 존엄한 죽음』. 서울: 새물결플러스, 2014.
김건열 외 2인 공저. 『의사들, 죽음을 말하다: 죽음 준비를 위한 세 의사들의 대담』. 서울: 북성재, 2014.
김균진. 『죽음의 신학』. 서울: 대한기독교서회, 2002.
_____. 『기독교 조직신학 Ⅱ』. 서울: 연세대학교출판부, 2005.
김동건. 『빛, 색깔, 공기: 죽음을 사이에 둔 두 신학자의 대화』. 서울: 대한기독교서회, 2002.
김수지 외 2인 공저. 『호스피스: 사랑의 돌봄』. 경기: 수문사, 2001.
서울대학교 중세르네상스연구소. 『중세의 죽음』. 서울: 산처럼, 2015,
김여환. 『죽기 전에 더 늦기 전에』. 서울: 청림출판, 2014.
송길원 외 2인 공저. 『행복한 죽음』. 경기: ㈜나남, 2014.
우재욱. 『숲이 되는 묘지』. 서울: 어드북스, 2017.
유 경. 『유경의 죽음준비학교』. 서울: 궁리, 2008.
장경철 외 1인 공저. 『죽음과 종교: 삶을 새롭게 하는 죽음 생각』. 서울: 두란노, 2014.
진중권. 『춤추는 죽음1: 서양미술에 나타난 죽음의 미학』(2판), 서울: 세종서적, 2005.
_____. 『춤추는 죽음2: 서양미술에 나타난 죽음의 미학』(2판), 서울: 세종서적, 2012.
최준식. 『죽음학 개론: 최준식 교수의 삶과 죽음 이야기 01』. 서울: 모시는 사람들, 2013.
한국죽음학회 엮음. 『죽음맞이: 인간의 죽음, 그리고 죽어감』. 서울: 모시는 사람들, 2013.
_____. 『한국인의 웰다잉 가이드라인』. 서울: 대화문화아카데미, 2011.

KBS생로병사의 비밀 팀. 『오늘이 내 인생의 마지막 날이라면: 함께 준비하는 이별, 웰다잉』. 서울: 애플북스, 2014.

해외

Alexander E. 『나는 천국을 보았다』(*Proof of Heaven*), 서울: 김영사, 2013.

Ariés, P./고선일 옮김. 『죽음 앞의 인간』(*L'bomme Devant la Mort*), 서울: 새물결, 2004.

Béliveau, R., Gingras, D./양영란 옮김. 『삶을 위한 죽음 오딧세이』(*La Mort*), 서울: 궁리출판, 2013.

Bush, M. D./김요한 옮김. 『내 아버지 집에 거할 곳이 많도다』(*This Incomplete One*), 서울: 새물결플러스, 2010.

Cathcart, T., Klein, D./윤인숙 옮김. 『시끌벅적한 철학자들 죽음을 요리하다』(*Heidegger and a Hippo Walk Through those Pearly Gates*), 서울: 함께읽는책, 2010.

Deeken, A./오진탁 옮김. 『죽음을 어떻게 맞이할 것인가』(*SI TO DOU MUKIAUKA*), 서울: 궁리, 2002.

Deeken, A./길태영 옮김. 『잘 살고 잘 웃고 좋은 죽음과 만나다』. 경기: 예감출판사, 2017.

Eddy, J., Alles, W. *Death Education*, St. Louis: Mosby, 1983.

Fenwick, P., Fenwick, E./정명진 옮김. 『죽음의 기술』(*The Art of Dying*), 서울: 부글북스, 2008.

Gawande, A./김희정 옮김. 『어떻게 죽을 것인가』(*Being Mortal*), 서울: 부키, 2015.

Graham, B./지상우 옮김. 『죽음이란 무엇인가: 기독교관점에서 본』(*Facing Death and the Life After*), 서울: 크리스챤다이제스트, 2003.

Hayasaki, E./이은주 옮김. 『죽음학 수업』(*The Death Class: A True Story about Life*), 서울: 청림출판, 2014.

Kagan, S./박세연 옮김. 『죽음이란 무엇인가』(*Death*), 서울: 엘도라도, 2012.

KIRYU Misao./김성기 옮김. 『알고 보면 매혹적인 죽음의 역사』(*SEKAI JYOSI TAIZEN*), 서울: 노블마인, 2007.

Kübler-Ross, E./최준식 옮김. 『사후생: 죽음 이후의 삶의 이야기』(*On Life after Death*), 서

울: 대화문화아카데미, 2009.

_____, Kessler, D. 공저/김소향 옮김. 『상실수업』(*On Grief and Grieving*), 서울: 인빅투스, 2014.

_____/이진 옮김. 『죽음과 죽어감』(*On Death and Dying*), 서울: 이레, 2008.

Lakotta, B., Schels, W./장혜경 옮김. 『마지막 사진 한 장』(*Noch Mal Leben vor Dem Tod: Wenn Menschen sterben*), 서울: 웅진 지식하우스, 2008.

Magnusson, Margareta/황소연 옮김. 『내가 내일 죽는다면』(*The Gentle Art of Swedish Death Cleaning*), 서울: 시공사, 2017.

Moll, R./이지혜 옮김. 『죽음을 배우다』(*Ars Moriendi*), 서울: IVP, 2013.

Nouwen, H./홍석현 옮김. 『죽음, 가장 큰 선물』(*Our Greatest Gift: A Mediation on Dying and Caring*), 서울: 홍성사, 2001.

Tolstoy L./박형규 옮김. 『사람은 무엇으로 사는가』, 서울: ㈜삼성출판사, 2012.

신문기사 및 인터넷 자료

조선일보 특별취재팀. "한국인의 마지막 10년"(1부), 1회-8회, 「조선일보」(2013.11.04.-11.13).
조선일보 특별취재팀. "한국인의 마지막 10년"(2부), 1회-8회, 「조선일보」(2014.09.01.-09.27).
EBS. "다큐프라임: 웰다잉 1부-메멘토 모리"(2014.11.03.).
_____. "다큐프라임: 웰다잉 2부-비탐 애테르남(2014.11.04.).
_____. "다큐프라임: 웰다잉 3부-카르페 디엠(2014.11.05.).
KBS. "금요기획: 생로병사, 죽음에 관한 세 가지 시선"(2011.03.18.).
_____. "생로병사의 비밀: 아름다운 마무리 웰다잉"(2012.01.21.).
_____. "스페셜: 우리는 어떻게 죽는가?"(2013.12.19.).
_____. "스페셜: 존엄한 죽음"(2009.08.02.).
SBS. "지식나눔 콘서트 아이러브인: 가치 있는 삶 그리고 죽음-셸리 케이건"(2013.06.30.).
보건복지부 e하늘 장사정보시스템: http://m.ehaneul.go.kr/

에덴파라다이스 메모리얼 리조트: www.edenparadise.co.kr
포레스트 론 메모리일 파크: http://forestlawn.com/
리모-일상과 여행을 기록하는 드로잉 작가: http://post.naver.com/zazzseo

학술지

강준만. "죽음의 문화정치학: 한국의 '장례' 커뮤니케이션에 관한 연구", 한국언론학보 54권 5호(2010).

권진호. "루터의 장례설교에 나타난 그리스도인의 죽음에 관한 고찰", 한국교회사학회지 제28호(2011).

김건. "영화를 통해 본 아름다운 삶의 마무리, 웰다잉-'버킷 리스트', '내 사랑 내 곁에', '엔딩 노트', '아무르'를 중심으로", 2011.

김숙·한정란. "성인들의 죽음에 관한 인식, 죽음준비, 죽음불안", 인구교육 Vol. 5(2012).

민영진. "기독교 장례식의 본질과 한국 기독교의 장례식 전통", 헤르메네이아 투데이(2010).

송현동. "장례문화콘텐츠 개발 가능성과 한계-실버산업을 중심으로", 인문콘텐츠 제9호.

안선희. "한국기독교 장례예식 갱신의 방향성", 신학과실천(2013).

이원옥. "선교를 위한 장례예식절차에 대한 성경적인 고찰", 복음과 선교 제16집(2011).

정현채. "아름다운 마무리를 위한 삶의 기술", 대한간호학회 추계학술대회(2009).

_____. "의료인에 대한 죽음 교육으로서 영화의 활용", Korea J Gastroenterol Vol. 60(2012).

_____. "죽음은 벽인가, 문인가?: 영화를 통해 내과의사의 죽음 이해", 대한내과학회 춘계학술대회(2014).

차용구. "필립 아리에스의 죽음관에 대한 연구: 죽음에 대한 중세인의 태도를 중심으로", 2009.

최창덕. "초세기 그리스도교 장례 예식서에 나타난 장례 전례의 신학적 의미", 대구가톨릭대학교, 2011.

허준수 외 1인. "노인의 죽음불안 영향요인에 관한 연구", 정신보건과 사회사업 Vol. 40(2012).

홍은영. "우리 시대의 죽음담론에 대한 시론-푸코의 담론이론과 아리에스의 '죽음의 역사'를 통하여", 2013.

영화

내 사랑 내 곁에(한국, 2009)

님아 그 강을 건너지 마오(한국, 2014)

오다기리 죠의 도쿄타워(Tokyo tawa, 일본, 2007)

굿바이(Good&Bye, 일본, 2008)

엔딩 노트(Ending Note, 일본, 2011)

동경가족(Tokyo Family, 일본, 2013)

닥터(The Doctor, 미국, 1991)

섀도우랜드(Shadowlands, 미국, 1995)

타이타닉(Titanic, 미국, 1997)

모리와 함께 한 화요일(Tuesdays with Morrie, 미국, 1999)

버킷 리스트: 죽기 전에 꼭 하고 싶은 것들(The Bucket List, 미국, 2007)

히어애프터(Hereafter, 미국, 2010)

이프 아이 스테이(If I Stay, 미국, 2014)

체리 향기(Taste of Cherry, 이란, 1997)

아무르(Love, 프랑스, 2012)

어바웃 타임(about Time, 영국, 2013)

나의 첫 번째 장례식(Vijay and I, 벨기에, 2013)